Neuauflage 1992
© by Hamburger Abendblatt
Verlag: Axel Springer Verlag AG
Satz: Peter Appelt, Hamburg
Lithografie: O.R.T., Hamburg
Druck: Hermann F. R. Stumme, Hamburg
Einband: Buchbinderei Klemme, Bielefeld

ISBN 3-921305-01-2

So schön ist Hamburg

Delightful Hamburg

Hambourg la Belle

Bello Hamburgo

„*So schön ist Hamburg*" – das ist sicher die prägnanteste Liebeserklärung, die man dieser Stadt machen kann. Zugleich mag sie eine Aufforderung an diejenigen sein, die diese Aussage für etwas so Selbstverständliches halten, daß sie die vielfältigen Reize dieser ständig im Wandel begriffenen Metropole nur noch oberflächlich wahrnehmen: „*So schön ist Hamburg*" gibt Anregungen, genau hinzuschauen, Details durch die Kunst des Fotografen neu zu erleben, vielleicht auch verborgene Schönheit dort zu entdecken, wo routinierte Alltagswahrnehmung längst aufgehört hatte, sie noch ins Kalkül zu ziehen.

„*So schön ist Hamburg*" – das Kompliment sollte schließlich als Erinnerung daran verstanden werden, daß diese Stadt ihre Schönheit deshalb mit Würde tragen darf, weil sie ihr nicht als etwas Naturgegebenes gleichsam auf dem silbernen Tablett der Geschichte serviert wurde.

Niemand vermag heute genau zu sagen, wessen Idee es war, zur Zeit Karls des Großen in der unzugänglichen Alstermarsch nahe der heutigen Petrikirche eine Burg zu errichten. Aber es waren durchaus praktische Erwägungen, die „Hammaburg" auf der nach drei Seiten hin gut gesicherten Geestanhöhe zu bauen. Das war im Jahre 811; und 834 ließ der Sohn und Nachfolger Karls, Ludwig der Fromme, ein kleines, bescheidenes Gotteshaus aus Holz errichten. Damit war der Grundstein für die abendländische Mission gelegt: Hamburg wurde zum Bistum.

*Zu einem nennenswerten Aufschwung kam es erst, als der Schauenburger Graf Adolf III. im Jahre 1188 unterhalb der bischöf-*lichen Altstadt ein brachliegendes Terrain planmäßig ausbauen ließ. Seine gräfliche „Neustadt" wurde als Niederlassung für Schiffer, Handelsleute, kleine Gewerbetreibende und Fischer ein Motor der Stadtentwicklung. Daß sich Hamburg damit über das Alsterdelta hinaus ausbreitete, bescherte der Stadt eine topographische Eigenart, die ihr bis auf den heutigen Tag eine Sonderstellung unter den Metropolen einräumt: Die Hansestadt ist von so vielen Kanälen, den Fleeten, durchzogen, daß man ihr das Attribut „Venedig des Nordens" nicht versagen konnte und sie darüber hinaus mit dem Superlativ auszeichnete, die brückenreichste Stadt Europas zu sein.

Der Wohlstand der Stadt – das gebot die Eitelkeit nicht nur der Hanseaten – wurde gebührend zur Schau gestellt. Kaufleute ließen sich repräsentative Bürgerhäuser bauen, deren liebevoll restaurierte Nachfolger noch heute beispielsweise in der Deichstraße zu bewundern sind.

1768 schloß Hamburg mit den Dänen, mit denen es jahrhundertelang um die Vorherrschaft auf der Elbe gekämpft hatte, den „Gottorper Vergleich". Durch Verzicht auf die Rückzahlung erheblicher Schulden, mit denen das dänische Königshaus bei den „Pfeffersäcken" an der Elbe in der Kreide stand, sicherte sich Hamburg neben der endgültigen politischen Anerkennung als „Kaiserlich Freie Reichsstadt" große Landflächen einschließlich der Elbinseln, die heute zu den reizvollsten Naturschutzgebieten der grünen Stadt Hamburg zählen.

*Das spektakulärste Ereignis mittelalterlicher Stadtgestaltung hatte sich jedoch im 13. Jahrhundert vollzogen, auch diesmal wieder zufällig und mehr als eine Art Betriebsunfall einer mißlungenen Ingenieurleistung: Beim Großen Burstah und an der heutigen Reesendammbrücke ließen die Hamburger jeweils ein Mühlenwehr errichten, die das damals recht bescheidene Alsterflüßchen aufstauten, um damit Wasserkraft für die Kornmühlen zu gewinnen. Dabei aber hatten die Ingenieure den Abfluß über die Mühlenräder falsch berechnet, und der Fluß überflutete das niedriger gelegene*Gelände oberhalb des Reesendamms. Sehr zur Verärgerung des Klosters in Harvestehude, dem ein großer Teil der überschwemmten fruchtbaren Wiesen gehörte. Aber sehr zur Freude der Hamburger, die fortan den Alstersee genießen konnten. Als kurz vor dem Ausbruch des Dreißigjährigen Krieges die Befestigungsanlagen erweitert und verstärkt wurden – die Arbeiten waren 1625 nach neunjähriger Arbeit abgeschlossen – teilten zwei vorgeschobene Bastionen den See in die Binnen- und Außenalster. Die später beide Bastionen verbindende hölzerne Lombardsbrücke, die 1865 bis 1868 wegen des Gewichts der über sie hinweggeführten Eisenbahn in eine Steinbrücke umgewandelt wurde, ist heute das meistfotografierte Bauwerk des „schönen Hamburg".

Wann immer sich die Hamburger Gedanken über die Verschönerung ihrer Stadt oder des Lebens in der Stadt machten, stand die Alster im Mittelpunkt der Überlegungen.

Als nach dem Großen Brand von 1842 der Wiederaufbau die einmalige Chance bot, ein städtebauliches Kunstwerk zu schaffen, wurden die Binnenalster und ganz besonders die Kleine Alster zum Rathaus hin das Glanzstück klassizistischer Architektur. Die von Gottfried Semper und Alexis de Chateauneuf gestalteten Alsterarkaden bilden in Verbindung mit dem Rathausmarkt eine Platzgruppe, deren Anlage den großen Kunsterzieher und Gründer der Kunsthalle Alfred Lichtwark an den Markusplatz und die Piazetta in Venedig erinnerten.

So ist es kein Zufall, wenn das Buch „So schön ist Hamburg" mit einem Blick vom Ballindamm quer über die Binnenalster zum Jungfernstieg beginnt und auf den folgenden zehn Seiten bei diesem Thema bleibt. Das ist keine Abwertung der Schönheiten, die Hamburg außerdem zu bieten hat. Aber es trifft das Lebensgefühl der Hamburger.

*Diesem Lebensgefühl entspricht es auch, bei allem Stolz auf die Tradition den Blick nicht nur auf die Vergangenheit zu richten. Die ästhetischen Werte der Stadt,*ihren aus früheren Jahrhunderten in die Gegenwart herübergeretteten unvergleichlichen Charme als Vermächtnis an künftige Generationen weiterzugeben – das ist eine Verpflichtung, der sich Hamburg auch in wirtschaftlich schwerer Zeit nicht entzieht.

Die Vision, die Hamburgs verantwortliche Stadtplaner zu einer sehr konkreten Vorstellung verdichtet haben, basiert auf Hamburgs Charakter als „amphibischer Stadt". Wohnen am und mit dem Wasser ist die Herausforderung, der sich Architekten immer wieder mit Phantasie gestellt haben. Aber die Zeit ist über vieles hinweggegangen, hat die gewachsenen Strukturen der alten Hafenviertel, in denen sich das Leben mit dem Wasser am deutlichsten manifestierte, einem rigorosen Wandel unterworfen. Hier gilt es, eine neue Lebensqualität zu schaffen. Die Verknüpfung von Stadt- und Wasserraum zunächst am nördlichen Elbufer neu zu gestalten, ist sicher eine Aufgabe, die bis weit in das Jahr 2000 hineinreicht. Wenn sie gelingt – und es gibt keinen Grund, daran zu zweifeln – wird die Stadt am Hafen mit allen Sinnen wieder als Hafenstadt erlebbar werden.

Daß diese Stadt schon heute mehr ist als eine Hafenstadt, wird uns tagtäglich immer wieder vor Augen geführt: Hamburg die High-Tech-Hochburg, das Medien-Zentrum, die Consulting-Metropole, deren Industrie ihr Know-how weltweit vermarktet, sind einige der Attribute, die unsere Stadt als zukunftsorientiert ausweisen.

Darüber hinaus ist Hamburg immer noch ein Lebensraum mit einzigartigen Erholungswerten und hohen kulturellen Ansprüchen. Für alles zusammen läßt sich kein zutreffenderes Kompliment finden:

So schön ist Hamburg!

Delightful Hamburg

Possibly the nicest compliment that can be paid the city is to call it "Delightful Hamburg". And it might just be a nudge for those for whom it is so self-evident that they are only vaguely aware of the attractions of this metropolis in constant change. So "Delightful Hamburg" encourages one to take a closer look, to rediscover details and aspects revealed through the eye of the photographer, and perhaps to discern hidden beauty that everyday eyes have long since ceased to register.

"Delightful Hamburg" – the compliment can also be understood as a reminder that the city carries its beauty with dignity because it was not something nature-given, not served up so to say on the silver tray of history.

No-one can exactly say today whose idea it was in the time of Charlemagne to build a stronghold in the inaccessible Alster marshes near where the present-day church of St. Petri stands. But it was certainly practical considerations that led to the building of the "Hammaburg" on the heights of the geest with good protection on three sides. That was in 811, and in 834 Charlemangne's son and successor Louis the Pious built a modest house of worship there. Thus was laid the foundation for the Occidental mission: Hamburg became the seat of a bishop.

But an appreciable economic impetus came only in 1188 when Count Adolf III of Schauenburg took over a piece of waste ground below the episcopal Old Town and proceeded to develop it. His "New Town" was conceived as a location for barge masters, merchants, small traders and fishermen, and so became a motor of expansion. So Hamburg spread beyond the Alster delta and in so doing acquired a topographical feature that still today distinguishes it from other cities: it became so interspersed by canals that it was dubbed the "Venice of the North", and soon had more bridges than any other place in Europe.

Vanity dictated that the town's prosperity be shown off to the best effect. The merchants had their impressive town houses built, some of the successors of which – faithfully restored – can still be admired today, for example in the Deichstrasse.

In 1768 Hamburg concluded the Gottorper Settlement with the Danes, whom it had fought for centuries for dominance on the Elbe. By waiving the repayment of substantial debts which the Danish royal house had run up with the moneybags on the Elbe, Hamburg gained not only the long-sought political recognition as "free imperial city", but also large areas of land including the islands in the Elbe, which are today among Hamburg's most attractive nature reserves.

The most spectacular urban happening in mediaeval Hamburg occured in the 13th century, and that not intentionally, more the result of an engineering project gone wrong. At Grosser Burstah and at the present-day Reesendammbrücke it had been decided to erect a mill weir to hold back the waters of the modest Alster river and obtain power for the corn mills. But the engineers miscalculated the water flow over the mill wheels, with the result that the river flooded back over the low-lying ground upstream from the Reesendamm. That greatly upset the Harvestehude nunnery, which owned a large part of the (now submerged) fertile meadowland. But while the nuns lamented, the populace rejoiced to have their new Alster lake. When shortly before the outbreak of the Thirty Years' War the town's defences were extended and strengthened – the work was completed in 1625 after nine years – two projecting bastions divided the lake into Inner Alster and Outer Alster. These bastions were later joined by the wooden Lombardsbrücke. Between 1865 and 1868 this was replaced by a masonry bridge so as to carry the weight of the new railway. The present Lombardsbrücke is Hamburg's most photographed bridge.

The Alster was always the focus of things when thought was given in Hamburg to improving the town or life within it.

When after the great fire of 1842 the unique chance of reconstruction allowed the creation of an attractive focal point, the Inner Alster and especially the Little Alster facing toward the Town Hall became a showpiece of classical architecture. Together with the Town Hall square, the Alster Arcade created by Gottfried Semper and Alexis de Chateauneuf forms an ensemble that for Alfred Lichtwark, great art educator and founder of the Kunsthalle, recalled St Mark's Square and the Piazetta in Venice.

When the word is of "Delightful Hamburg" what is meant is not only the Alster lake and surroundings, but also the network of canals lined by ancient trees which comes to mind with the words of the Rococo poet Friedrich von Hagedorn with his "transport of many pleasures". So it is not by chance that the book "Delightful Hamburg" commences with a view from Ballindamm right over the Inner Alster to Jungfernstieg and remains with the theme for the next ten pages. That is no belittlement of Hamburg's other attractions. But it strikes a chord of feeling among Hamburgers.

It also accords with this feeling that their gaze is not directed, in spite of pride in tradition, solely to the past. Passing on to future generations the aesthetic values of the city, the incomparable charm rescued from earlier centuries, that is a duty to be met even in economically difficult times.

The vision that has compacted among the town planners to a very concrete idea is based on Hamburg's character as "amphibian town". Living on and with the water is a challenge that architects have always accepted with imagination. But time has passed much by, has subjected the deep-rooted structures of the old port quarter, where life with the water was most manifest, to rigorous change. Here a new quality of life must be created. The linking

anew of urban and water space, initially on the north side of the Elbe, is a task that will certainly reach well beyond the year 2000. If it succeeds – and there is no reason to doubt it – the city at the port can be again experienced fully as a port city.

We daily have evidence that Hamburg is already more than a port city. It is a high-tech centre, a media centre, a consulting centre, with industries that market their know-how worldwide. These are just some of the attributes that show Hamburg to be future-oriented.

Beyond that, Hamburg is still a place of unique recreational value and with a high cultural standing. For everything together there can be no more appropriate compliment: Delightful Hamburg!

Hambourg la Belle

«Hambourg la Belle» – un titre qui est comme une déclaration d'amour à la ville. Comme une invitation, aussi, à tous ceux qui tiennent pour très naturelle, au point même de ne plus la voir, la séduisante diversité des attraits de cette capitale en mutation permanente. A travers l'œil exercé du photographe, «Hambourg la Belle» se veut d'être comme un itinéraire de la découverte de maints détails, maints sujets d'émerveillement ignorés par la banalité du quotidien.

«Hambourg la Belle» – un hommage rendu aux charmes de la ville, fière, à juste titre, d'une beauté qui ne lui fut en aucune façon naturellement servie sur le plateau d'argent de l'Histoire.

Si personne, aujourd'hui, n'est en mesure de préciser le nom de celui qui, sous Charlemagne, décida de bâtir un château fort dans l'inaccessible marche de l'Alster, non loin de l'implantation de l'actuelle Petrikirche (église St-Pierre), il reste incontestablement acquis que l'idée de jucher le «Hammaburg» sur une colline morainique naturellement protégée sur trois côtés fut le fruit d'un esprit pratique. Ceci se passait en 811 et c'est à Louis le Pieux, fils et successeur de Charlemagne, que revient d'avoir fait construire en 834 une modeste petite église de bois, posant ainsi la première pierre de la mission occidentale : Hambourg devenait évêché.

L'édification de la cité ne connaîtra toutefois de véritable essor qu'en 1188, lorsque le comte Adolph III de Schauenburg entreprendra son extension méthodique sur des terres en friche situées en aval de la vieille ville épiscopale. Bateliers, commerçants, petits marchands et pêcheurs s'installent alors dans la «Ville neuve» comtale, qui deviendront les artisans d'une vie active et florissante. Sa population débordant au fil des siècles sur toutes les rives du delta de l'Alster, Hambourg présenta avec le temps une topographie exceptionnelle qui la fait ranger, aujourd'hui encore, parmi les métropoles les plus particulières du monde :

elle est parcourue par tant de canaux, les «Fleeten», qu'on l'a appelée la «Venise du Nord» et lui a attribué la réputation d'être la ville d'Europe possédant le plus grand nombre de ponts.

Le bon ton imposant – opulence oblige – de faire montre de la prospérité hanséatique, les bourgeois marchands hambourgeois se firent construire de splendides demeures témoignant d'un grand art de vivre, que leurs descendants se plurent à entretenir et à restaurer avec beaucoup de soin et dont certaines subsistent aujourd'hui encore, dans la Deichstrasse entre autres.

En 1768 Hambourg passa avec le Danemark, auquel l'opposait une rivalité séculaire pour la prééminence sur l'Elbe, les Accords de Gottorp. En échange de la remise de la très lourde dette contractée par la maison royale danoise auprès des «mercantis» des bords de l'Elbe, Hambourg obtenait, en marge de sa reconnaissance politique et définitive en tant que «ville impériale», un ensemble de grands territoires, dont les îles de l'Elbe qui comptent aujourd'hui parmi les réserves naturelles les plus attrayantes de Hambourg, ville «verte» s'il en est.

Au plan des travaux d'urbanisme entrepris au Moyen Age, la réalisation la plus spectaculaire devait résulter du hasard introduit par une erreur d'appréciation professionnelle, d'une faute d'ingénierie dirions-nous aujourd'hui, commise au 13ème siècle : les Hambourgeois érigèrent à l'époque sur l'Alster dont les eaux coulaient alors paisiblement, en bordure de Grosser Burstah et à hauteur de l'actuel pont de Reesendamm, deux batardeaux destinés à retenir suffisamment d'eau pour fournir aux meuniers l'énergie hydraulique nécessaire à l'actionnement de leurs moulins. Les ingénieurs, toutefois, ayant mal calculé le débit d'eau aux roues des moulins, les terres qui se trouvaient en contrebas en amont de la digue fluviale (Reesendamm) furent alors inondées ... au grand dam des religieuses du monastère de Harvestehude à qui appartenaient la plupart des terres fertiles inondées, mais à la plus grande joie des Hambour-

geois, ravis, par contre, de découvrir les plaisirs du lac qui leur était ainsi offert. Lorsque, peu avant que n'éclate la guerre de Trente Ans, furent entrepris des travaux d'extension et de renforcement des fortifications de la ville – qui devaient durer neuf ans et s'achever en 1625 –, deux bastions avancés partageaient le lac de l'Alster en deux bassins – Intérieur et Extérieur. Le «Lombardsbrücke», pont de bois qui reliera ces deux bastions par la suite et qui, en raison de la charge imposée à l'ouvrage par le passage de la voie ferrée, sera remplacé par un pont de pierre entre 1865 et 1868, est aujourd'hui l'œuvre monumentale hambourgeoise favorite des photographes.

Les années qui suivirent le grand incendie qui, en 1842, ravagea la ville, devaient fournir l'occasion unique d'une transformation urbanistique spectaculaire et permettre, autour du bassin intérieur et plus particulièrement du Petit Alster, au voisinage de l'Hôtel de Ville, la réalisation d'un ensemble architectural d'un très beau classicisme. Construites par Gottfried Semper et Alexis de Chateauneuf, les Alsterarkaden constituent avec la place de l'Hôtel-de-Ville un site monumental dont Alfred Lichtwark, célèbre professeur de dessin, fondateur et directeur du musée d'Art de Hambourg, devait dire qu'il évoque fortement la place Saint-Marc et la Piazzetta de Venise.

Ceci explique que la présente édition de «Hambourg la Belle» soit introduite par un coup d'œil jeté depuis l'avenue Ballindamm jusqu'au Jungfernstieg au-dessus du bassin intérieur du lac qui reste, sur dix pages, le thème d'une palette de panoramas attachants. Non pas que la beauté des mille autres visages de Hambourg soit moindre, mais parce qu'ils sont l'expression même de la manière hambourgeoise d'envisager l'existence.

En cohérence avec cette conception de l'existence, et jouant le futur et la tradition – aussi fiers soient-ils de la leur –, les Hambourgeois se sont fait une règle, même aux heures de tourmente économique, de transmettre aux générations à venir l'héritage des

valeurs esthétiques de leur ville, du charme incomparable qui la caractérise ayant survécu aux siècles.

Manifestée de la manière la plus concrète, la vision de référence des responsables de l'urbanisme de Hambourg est définie par le caractère amphibie de la ville. Y vivre avec et au bord de l'eau – un défi permanent, toujours relevé avec fantasie par les architectes. Le temps toutefois a érodé bien des choses et les structures instaurées dans les vieux quartiers portuaires, dans lesquels la vie qui s'y écoulait était pratiquement «l'œuvre» de l'eau, ont subi des mutations profondes et radicales. Les orientations de politique urbaine nouvelles prévoient d'y créer une nouvelle qualité de vie. La réorganisation, sur la rive nord de l'Elbe dans un premier temps, du mélange des fonctions spécifiques de l'espace urbain et de l'espace aquatique est un objectif dont l'aboutissement devrait se situer aux alentours de l'an 2000. Nul doute que la ville des bords de l'Elbe redeviendra alors une ville portuaire au sens plein du terme.

Mais Hambourg apporte chaque jour la preuve qu'elle est d'ores et déjà beaucoup plus qu'un port : haut-lieu de l'industrie de haute technologie, fief médiatique, métropole économique et industrielle, fournisseur de savoir-faire dans le monde entier ... les qualificatifs ne manquent pas qui traduisent à l'évidence combien résolument la ville est axée sur le futur.

La diversité des aspects de la vie et de l'atmosphère de Hambourg englobe également quantité de possibilités pour des loisirs en tous genres et d'animations culturelles d'un très haut niveau. Hambourg – une ville superbement digne de l'hommage que lui rend son surnom de «la Belle».

Bello Hamburgo

"Bello Hamburgo": seguramente, ésta es la más breve declaración de amor que se puede hacer a nuestra ciudad. Al mismo tiempo, quiere ser una invitación a todos los que consideran esta afirmación como algo tan normal que ya sólo superficialmente van registrando los numerosos encantos que posee esta metrópoli, siempre en fase de transformación. "Bello Hamburgo" quiere inducir a mirar con más detenimiento y volver a percatarse de algunos detalles a través del arte del fotógrafo o quizá incluso a descubrir bellezas disimuladas donde la percepción rutinaria de todos los días hace tiempo ha dejado de tenerlas en cuenta.

"Bello Hamburgo": este cumplido quiere servir también para hacer recordar que esta ciudad muestra su belleza con tanta dignidad precisamente porque no le fue servida como algo natural en la bandeja de plata de la historia.

Nadie puede precisar hoy de quien fue la idea, en la época de Carlomagno, de construir un castillo en la inaccesible marisma del Alster cerca de la actual iglesia de St. Petri. Pero desde luego fueron consideraciones prácticas las que llevaron a construir el "Hammaburg" en una altura seca bien defendida hacia tres lados. Esto fue en 811, y en 834 el hijo y sucesor del emperador Carlos, Ludovico Pío, mandó erigir un pequeño y modesto templo de madera. Con ello, se habían echado las bases para la cristianización de buena parte del Occidente europeo: Hamburgo se convirtió en sede de un obispo.

Una expansión digna de mención no se produjo hasta que en 1188 el conde Adolfo III de Schauenburg hizo urbanizar, siguiendo un plan determinado, un terreno baldío más abajo de la vieja ciudad episcopal. Su "nueva ciudad" condal llegó a ser, como lugar donde se asentaron navegantes, mercaderes, pequeños industriales y pescadores, un motor del desarrollo urbano. El hecho de que Hamburgo con ello se extendiera más allá del delta del río Alster, proporcionó a la ciudad una característica topográfica que hasta hoy en día la mantiene en un puesto especial entre otras metrópolis: La ciudad hanseática está siendo surcada por tantos canales que no se le puede negar el atributo de "Venecia del Norte" y que, además, se le distingue con ese otro superlativo de ser la ciudad de mayor número de puentes en Europa.

No sólo por vanidad hanseática, se fue haciendo gala del bienestar de la ciudad: Los mercaderes hicieron construirse ostentosas casas cuyas sucesoras, restauradas cuidando de todos los detalles, aún pueden admirarse hoy, por ejemplo en la calle Deichstrasse.

En 1768, Hamburgo celebró con los daneses – con los que había luchado durante siglos por el predominio en el río Elba – el "Convenio de Gottorp". Renunciando a la devolución de considerables deudas con que la casa real danesa figuraba en los libros de los mercaderes del Elba, Hamburgo se aseguró, además del reconocimiento político definitivo como "Ciudad Libre Imperial", grandes extensiones de terreno, incluyendo las islas en el Elba que figuran hoy entre las más atractivas reservas naturales de Hamburgo como ciudad verde.

Por otro lado, el acontecimiento más espectacular en la urbanización medieval se había producido durante el siglo XIII, esta vez casi por casualidad y más bien como una especie de accidente de trabajo en el curso de una obra de ingeniería malograda: Donde están hoy la calle Grosser Burstah y el puente Reesendammbrücke, los hamburgueses hicieron construir sendas presas de agua para embalsar el entonces más bien modesto riachuelo que era el Alster, a fin de aprovechar su caudal hidráulico para mover las ruedas de los molinos de cereales. Al hacerlo, los ingenieros habían calculado mal el paso de agua por encima de las ruedas de molino y el río fue inundando el terreno de nivel más bajo más arriba del dique Reesendamm. Esto sucedió muy a disgusto del convento de Harvestehude, dueño de gran parte de las fértiles praderas anegadas, pero muy a gusto de los hamburgueses que de entonces en adelante gozan del privilegio de tener un lago en medio de su ciudad. Cuando poco antes de estallar la Guerra de los 30 Años se ampliaron y se reforzaron las fortificaciones – obras concluidas al cabo de 9 años en 1625 – dos bastiones avanzados dividieron el lago en Alster Interior y Exterior. El puente de madera llamado Lombardsbrücke, que más adelante unió los dos bastiones y que entre 1865 y 1868 fue transformado en un puente de piedra para resistir el peso del ferrocarril que circula por encima de él, es hoy en día la obra arquitectónica más fotografiada del "Bello Hamburgo".

Cuando después del Gran Incendio de 1842 la reconstrucción brindó la oportunidad única de crear una nueva obra de arte urbanístico, el Alster Interior y sobre todo el Pequeño Alster cerca del Palacio de Gobierno, llegaron a ser las piezas maestras de la arquitectura clasicista. Las Alsterarkaden, proyectadas por Gottfried Semper y Alexis de Chateauneuf, constituyen con la Plaza del Ayuntamiento un conjunto cuya disposición recordó a Alfred Lichtwark – gran pedagogo de las artes y fundador de nuestro Museo de Bellas Artes Kunsthalle – la plaza de San Marco y la Piazzetta en Venecia.

Por ello no es una casualidad que el libro "Bello Hamburgo" comience con una mirada desde la calle Ballindamm por encima del Alster Interior hacia el paseo del Jungfernstieg, dedicando también las diez páginas siguientes a este tema. Este no es un desprecio a los demás rincones bellos que ofrece la ciudad, pero acierta a expresar la idea que tienen los hamburgueses de como merece vivir.

Conforme con este concepto de la vida resulta también que, por muy orgulloso que se esté de los valores tradicionales, la mirada no debe dirigirse sólo hacia el pasado. Los valores estéticos de la ciudad, su incomparable encanto salvado desde siglos pasados para el presente, hay que pasarlos como un legado a las generaciones que vienen después de nosotros: Este es un deber al que Hamburgo no se sustrae incluso en épocas económicamente difíciles.

La visión que nuestros planificadores urbanos responsables han ido condensando en una idea muy concreta, se basa en el carácter de Hamburgo como "ciudad anfibia". Vivir junto al agua y con el agua, es el reto al que nuestros arquitectos se han enfrentado una y otra vez con mucha fantasía. Pero el tiempo ha pasado por encima de muchas cosas, ha sometido a un cambio riguroso a las estructuras naturales de los antiguos barrios portuarios donde la vida con el agua más claramente se manifestaba. Ahora hay que crear una nueva calidad de vida, hay que restablecer la unión entre los espacios terrestres y acuáticos en la orilla norte des Elba. Esta es, con seguridad, una tarea que nos dará trabajo hasta mucho después del año 2000. Si se tiene éxito – y no hay motivo por que dudarlo – en la ciudad junto al puerto se podrá volver a vivir como debe ser en una ciudad portuaria.

Por otra parte, el que Hamburgo es ya más que una ciudad portuaria lo vemos día a día: Es también un centro de la alta tecnología, de los medios de comunicación y del consulting con una industria que comercializa su know-how en todo el mundo. Estos nuevos atributos demuestran que nuestra ciudad marcha conscientemente de cara al futuro.

Además de ello, Hamburgo sigue siendo un lugar con valores únicos en su género para actividades de recreo y por su elevado nivel cultural. Por todo ello, el cumplido más acertado que se le puede hacer sigue siendo: "Bello Hamburgo".

Mit seinen 755 Quadratkilometern ist Hamburg fast anderthalbmal so groß wie West-Berlin. Rund 60 Quadratkilometer entfallen dabei allein auf Elbe, Alster und andere Gewässer. Von dem verbleibenden Areal ist nur etwa die Hälfte mit Gebäuden und Verkehrsflächen überbaut; die andere Hälfte besteht aus Grünflächen im weitesten Sinne: Parks und Anlagen, Felder und Wiesen, Wald-, Heide- und Moorgebiete.
Hamburg ist nicht nur einer der größten Seehäfen des Kontinents, sondern auch ein bedeutender Umschlagplatz für die Binnenschifffahrt auf den Flüssen und Kanälen West- und Osteuropas. Im Norden der Stadt liegt der schon 1911 gegründete Flughafen. Und die Autobahnen, die Hamburg durchqueren oder hier ihren Anfang nehmen, machen die Hansestadt zum wichtigen Knotenpunkt im europäischen Fernstraßennetz.

With its 755 square kilometres, Hamburg is almost one-and-a-half times as large as West Berlin. The Elbe, the Alster and other waterways account for about 60 square kilometres of this. Of the remainder, only about the half is occupied by buildings and built-up spaces; the other half consists of greenery in the widest sense: parks and open-air spaces, fields, meadow, woods, heathland and moors.
Hamburg is not only one of the Continent's largest seaports. It is also an important transshipment point for inland shipping on the rivers and canals of Western and Eastern Europe. In Hamburg's north is the airport, founded in 1911. And the motorways that traverse Hamburg or start there make the city a major hub in Europe's motorway network.

S'étendant sur 755 kilomètres carrés, Hambourg présente une superficie pratiquement égale à une fois et demie celle de Berlin-Ouest. Quelque 60 kilomètres carrés sont à imputer à ses seuls plans d'eau : Elbe, Alster et autres rivières. Une petite moitié seulement de la surface restante est couverte par le tissu bâti, voirie comprise, l'autre moitié correspondant au patrimoine en espaces verts : jardins, parcs, champs et prairies, forêts, landes et marais.
Hambourg n'est pas seulement l'un des plus grands ports maritimes du continent; c'est aussi un important nœud de navigation fluviale, relié aux principaux fleuves et canaux d'Europe de l'ouest et de l'est. Carrefour portuaire situé à la croisée des grands axes de communication européens, la capitale hanséatique dispose par ailleurs – depuis 1911 – des services d'un aéroport implanté au nord de la ville et est desservie par de nombreuses autoroutes divergeant dans toutes les directions.

Con sus 755 kilómetros cuadrados, Hamburgo posee casi una vez y media el territorio de Berlín Oeste. Unos 60 kilómetros cuadrados ocupan el Elba, el Alster y otras extensiones de agua. Del resto de su superficie, sólo la mitad más o menos está cubierta por edificios y áreas de tráfico; la otra mitad son espacios verdes en todos los sentidos: parques y jardines, campos y prados, áreas de bosque, brezales y terrenos pantanosos.
Hamburgo es no sólo uno de los mayores puertos de mar del continente, sino también un lugar importante de transbordo para la navegación interior en los ríos y canales de Europa occidental y oriental. En el norte de la ciudad se encuentra el aeropuerto, fundado ya en 1911. Y las autopistas que cruzan Hamburgo o arrancan de aquí, convierten a la ciudad hanseática en un nudo importantísimo en la red europea de rutas de larga distancia.

*W*enn Sie wissen wollen, in welchem Teil der Stadt das Motiv eines bestimmten Fotos zu finden ist, suchen Sie einfach in der Tabelle die Nummer der betreffenden Buchseite. Davor steht ein Buchstabe, der auf der Karte an der geografisch richtigen Stelle wiederkehrt.

If you wish to know in which part of the city the motif of a particular picture is to be found, just look up the number of the corresponding page of the book in the table. This is preceded by a letter which identifies the location in the town plan.

Pour savoir dans quel quartier de la ville trouver le motif représenté sur telle ou telle illustration, chercher au tableau le numéro de la page concernée. La lettre qui le précède indique, sur le plan, l'emplacement recherché.

Si desea saber en qué parte de la ciudad se encuentra el motivo original de determinada fotografía, busque en la tabla el número de la página correspondiente del libro. Delante de él aparece una letra que se repite sobre el mapa en el punto geográfico exacto.

Walddörfer

Alster

Fuhlsbüttel

L

Alster

B

Wandse

M Blankenese

K

J

I City *A*

E Altona *C* *H*

Elbe

D

G

Bille

F

Hafen

Altes Land

Alte Süderelbe

P

Bergedorf

O

Dove Elbe

N Süderelbe

Gose Elbe

Harburg

Vier- und Marschlande *Q*

5 km

Freizeitsegler sind sich einig: Es gibt für ihren Sport kaum ein reizvolleres Revier als Hamburgs Außenalster. Vor der Silhouette der Innenstadt – auf dem Bild die Türme der Hauptkirchen St. Jacobi, St. Katharinen, St. Petri und St. Nikolai – weht meistens eine willkommene Brise.

Sailing enthusiasts agree that there's no finer place for their sport than the waters of Hamburg's Outer Alster. Against the backdrop of the inner-city skyline – here seen with the church steeples of St. Jacobi, St. Katharinen, St. Petri and St. Nikolai – they can usually rely on a good breeze.

Les amateurs de voile son unanimes : le bassin extérieur de l'Alster constitue un haut-lieu des plus attrayants pour la pratique de leur sport favori. La brise qui y souffle le plus souvent – comme ici, devant une toile de fond où se découpent les clochers des principales églises du centre ville : St-Jacques, Ste-Catherine, St-Pierre et St-Nicolas – donne toute sa saveur à ce loisir.

Una cosa es segura: Para los aficionados al deporte de la vela es difícil encontrar un lugar más atractivo que el Alster Exterior en Hamburgo. Ante la silueta urbana – en la imagen las torres de las iglesias de St. Jacobi, Katharinen, Petri y Nicolai – suele soplar una brisa muy bienvenida.

...ajestätische alte Bäume säumen ...Ufer der Alsterkanäle. Für die ...ßen Alsterschiffe ist der Eichen... ...k nahe der Krugkoppelbrücke ...romantisches Anlaufziel.

...jestic old trees line the banks of ...Alster's canals. The Eichenpark ...r the Krugkoppelbrücke is a ...nantic place of call for the white ...os of the Alster fleet.

...berges des canaux de l'Alster ...t ourlées de vieux arbres majes... ...ux. Une paisible promenade jus... ...au Parc de la Chênaie (Eichen... ...k), au voisinage du Krugkoppel... ...cke, à bord d'une vedette de la ...te de l'Alster est une excursion ...ticulièrement appréciée des ...es romantiques.

...os y majestuosos árboles jalo... ...las orillas de los canales del ...ter. Para los blancos barcos que ...can el lago, una escala román... ...es el robledo cerca del puente ...gkoppelbrücke.

Die Alster, durch Lombards- und Kennedy-Brücke in Binnen- und Außenalster geteilt, macht Hamburgs Stadtbild auch beim Blick von oben unverwechselbar.

The Alster lake, divided into the Inner and Outer Alster by Lombardsbrücke and Kennedybrücke, gives Hamburg's townscape its unique and unmistakable aspect.

Partagé en deux bassins – intérieur et extérieur – à hauteur des ponts Lombardsbrücke et Kennedybrücke, le lac de l'Alster marque la physionomie de Hambourg d'une empreinte incomparable.

El Alster, dividido en Interior y Exterior por los puentes Lombardsbrücke y de Kennedy, hace el panorama hamburgués inconfundible.

Der Dichter Friedrich von Hagedorn (1708 – 1754) hat den Alsterfluß als den „Beförderer vieler Lustbarkeiten" gelobt. Auch heute noch genießt man die sommerabendliche Stille bei einem Hamburger Bier oder – falls es die Temperaturen erfordern – bei dem wärmenden Nationalgetränk Grog. Oder man freut sich über das Riesenfeuerwerk, das die in Hamburg ansässigen Japaner ihren Gastgebern zum Abschluß ihres Kirschblütenfestes spendieren.

The poet Friedrich von Hagedorn (1708 – 1754) praised the Alster river as a "transport of many pleasures". And still today one enjoys a beer of a quiet summer evening by its waters or – if it's cooler – a warming grog, the national drink. Or perhaps there's the giant fireworks display to admire which the Japanese in Hamburg mount for their hosts to mark the end of their Cherry Blossom Festival.

Chantant l'Alster, le poète Friedrich von Hagedorn (1708 – 1754) disait que ses eaux «roulent bien des plaisirs», et les Hambourgeois savent, aujourd'hui encore, tout autant jouir de la douceur d'un soir d'été en dégustant une bière frappée comme on l'aime ici – à moins que la température ne donne à préférer le bien-être qu'apporte un grog savamment corsé –, que du plaisir flamboyant du feu d'artifice offert chaque année à la Ville par la colonie japonaise pour clôturer la traditionnelle fête des cerisiers en fleurs.

El poeta Friedrich von Hagedorn (1708 – 1754) elogió al río Alster como "favorecedor de muchas diversiones". Aún hoy se disfruta el silencio de las tardes de verano tomando una cerveza hamburguesa o – si la temperatura lo requiere – un grog, calentadora bebida nacional. O se deleita uno con los gigantescos castillos de fuegos artificiales que los japoneses afincados en Hamburgo nos brindan al finalizar su Fiesta de la Flor del Cerezo.

Wenn der Winter den Hamburg eine zugefrorene Alster beschert, danken sie es ihm, indem sie au dem seltenen Naturereignis ein Volksfest machen.

When winter brings a frozen-ove Alster, all Hamburg registers its thanks and makes full use of the opportunity to turn it all into one vast festive scene.

Lorsque les rigueurs de l'hiver so telles que l'Alster est entièrement pris par la glace, la joie de vivre propre aux Hambourgeois fait de l'évènement une fête populaire.

Cuando el invierno depara a los hamburgueses el Alster completo mente helado, se lo agradecen co virtiendo el fenómeno natural en una fiesta popular.

Die Lombardsbrücke mit ihren gußeisernen Kandelabern ist die meistfotografierte Brücke Hamburgs. Von hier aus kann man den ganzen Jungfernstieg überblicken. Die Fontäne auf der Binnenalster wurde durch private Initiative ermöglicht. Selbst im Schönheitswettbewerb mit einem zufällig über der Stadt stehenden Regenbogen kann sie bestehen.

The Lombardsbrücke with its cast-iron candelabra is Hamburg's most-photographed bridge. From it one surveys the whole length of the Jungfernstieg. The initiative of a private group made possible the fountain on the Inner Alster, which can hold its own in brilliance with any rainbow that appears over the town.

Avec ses candélabres de ferronnerie, le Lombardsbrücke est le pont le plus photographié de Hambourg. On y embrasse une magnifique vue d'ensemble sur le Jungfernstieg. La fontaine monumentale du bassin intérieur de l'Alster est une réalisation récente due à une initiative privée. Le spectacle de son jaillissement est un ravissement qui supporte sans pâlir le contrepoint d'un arc-en-ciel s'élançant au-dessus de la ville.

El Lombardsbrücke con sus candelabros de hierro fundido es el puente más fotografiado de Hamburgo. Desde él, la vista abarca todo el Jungfernstieg. El surtidor en el Alster interior se instaló por iniciativa privada y mantiene su clase incluso en el concurso de belleza con el arco iris que casualmente se arquea sobre la ciudad.

...om weltberühmten Jungfernstieg ...der Binnenalster startet die ...iße Flotte der Alsterschiffe zu ...ndfahrten durch das schönste ...ck Hamburgs (links).

The white ships of the Alster fleet commence their tours through Hamburg's waterways from the world-famous Jungfernstieg on the Inner Alster (left).

Depuis l'embarcadère de la célèbre avenue de Jungfernstieg, sur le bassin intérieur, les vedettes de la flotte de l'Alster convient à une croisière commentée à travers les quartiers les plus pittoresques de Hambourg.

Desde el mundialmente famoso paseo Jungfernstieg en el Alster Interior zarpan los barcos de la flota blanca del lago para sus giras por la parte más bella de Hamburgo (izq.).

Die Kleine Alster im Vordergrund (links) mit den runden Bögen der Alsterarkaden gilt als „größte baukünstlerische Leistung Hamburgs im 19. Jahrhundert" (Fritz Schumacher). Der Vergleich mit Venedig drängt sich auf. Nicht nur an Winterabenden, wenn die Beleuchtung der Arkaden vom Wasser reflektiert wird (oben), sondern ganz besonders an Sommertagen (unten), wenn die Szene ein südlich-heiteres Flair bekommt.

The Little Alster in the foreground (left), with the round arches of the Alster Arcade is regarded as "19th-century Hamburg's finest architectural accomplishment" (Fritz Schumacher). The Venetian inspiration is unmistakable, not just on winter evenings when the arcade lights are reflected on the water (above), but even more so on summer days (below), when the whole scene radiates an almost gay southern atmosphere.

Longé sur un côté par les Alsterarkaden, le Kleine Alster, au premier plan (à gauche), est considéré comme «la plus grande réalisation architecturale de Hambourg au 19ème siècle» (Fritz Schumacher). Un petit air vénitien y souffle, moins en hiver lorsque les lumières des arcades miroitent dans les eaux du lac (en haut) qu'aux soirs d'été (en bas) lorsque l'animation y fait régner une atmosphère de douceur toute méridionale.

El Pequeño Alster en primer plano (izq.) con las bóvedas de las Alsterarkaden es considerado "el mayor logro arquitectónico de Hamburgo en el siglo 19" (Fritz Schumacher). La comparación con Venecia se impone, no sólo en las tardes de invierno cuando la iluminación de las arcadas se refleja en el agua (arriba), sino sobre todo en los días de verano (abajo) cuando el escenario adopta un alegre toque meridional.

Das „Alstervergnügen" ist ein kulturelles Ereignis, das den Kulturbegriff bewußt weit faßt: Theater, Musik, Tanz, Pantomime und artistische Höchstleistungen wie der „Krad-Zirkus" der Hamburger Polizei gehören ebenso dazu wie die Überraschungseffekte spontanen Straßentheaters, in das zufällig vorbeikommende Passanten einbezogen werden, oder volkstümlicher Klamauk, der an alte Gauklertraditionen anknüpft.

The Alstervergnügen is an event that gives a wide interpretation of the word culture: theatre, music, dance, pantomime and top-quality artistic groups. The "bike circus" by the Hamburg police is as much a part of it as the surprise effects of spontaneous street theatre, into which any onlooker is likely to be drawn, or slapstick comedy continuing on old clowning traditions.

La «Fête de l'Alster» est un évènement culturel au sens le plus large du terme : théâtre, musique, danse, pantomime, bateleurs et acrobatie – artistique parfois, comme en témoignent les fameux numéros du «Cirque des Motards» des unités de police de Hambourg. Bruits, rires, flonflons, folies ... la fête est dans la rue, prête à s'emparer du badaud ou du passant transformé, souvent, en acteur improvisé, le tout dans un brouhaha et avec une spontanéité dignes de la vieille tradition des saltimbanques et des illusionnistes.

En la "Fiesta del Alster", el concepto de "cultura" tiene dimensiones muy amplias: teatro, música, baile, pantomima y exhibiciones artísticas de primera categoría como el "Circo sobre Motos" de la Policía de Hamburgo, se integran en ella igual que funciones espontáneas de teatro callejero que incluye también por sorpresa a los transeúntes, o diversas algarabías populares que recuerdan tradiciones juglarescas.

in besonderer Höhepunkt des amburger Sommers" ist das iährliche Alstervergnügen, das n sonst so hanseatisch-strengen thausmarkt in eine „Festwiese" wandelt.

highlight of the Hamburg summer the anual open-air festival own as the Alstervergnügen, en the otherwise so sober-sided wn Hall square and the surunding streets become a sea of erry-making.

ne des grandes heures de l'été mbourgeois : la Fête de l'Alster i, pour quelques jours, métamorose chaque année la place de ôtel-de-Ville, d'ordinaire d'une stérité toute hanséatique, en un mp de foire haut en couleurs.

acontecimiento culminante del erano de Hamburgo» es la Fiesta Alster de todos los años que vierte a la Plaza del Palacio de bierno – normalmente tan hanítica y severa – en una kermese.

*H*amburgs Stadtväter hatten lange gebraucht, bis sie sich zu einem Neubau ihres beim Großen Brand von 1842 zerstörten Rathauses entschließen konnten. Erst 1897 war das neue Gebäude – im Stil der Renaissance – fertig. Auch das Senatsgehege (oben), der „Kabinettsaal" der Landesregierung, ist vom prunkliebenden Geschmack der Gründerzeit geprägt.

After the great fire of 1842, it took Hamburg's city fathers a long time to decide on a replacement for the burnt-out Town Hall, and it was only in 1897 that the new building, in the German Renaissance style, was completed. Also the cabinet room (above) of the state government ment reflects the taste of the times, a period of rapid expansion in industry and commerce.

Les édiles de Hambourg y réfléchirent mûrement avant de décider de se donner un nouvel Hôtel de Ville après que l'ancien eut été entièrement détruit lors de l'incendie qui devait ravager la ville en 1842. Le nouvel édifice – de style Renaissance – ne sera en effet achevé qu'en 1897. La partie réservée au Sénat (en haut) et la salle des séances du Gouvernement de Hambourg, la «Kabinettsaal», témoignent également de l'éclectisme qui marqua l'architecture monumentale de l'époque.

Mucho tardaron los ediles de Hamburgo en decidirse a levantar un nuevo edificio en lugar del Ayuntamiento destruido por el Gran Incendio de 1842: Hasta 1897 no se llegó a terminar el nuevo palacio, de estilo renacentista. También en el Salón del Senado (arriba), la sala donde se reúne el Gobierno de la ciudad estado, se respira el gusto y el entusiasmo edificador de los años 1871/73.

Der Hamburger Rathausmarkt ist lange Zeit als Stiefkind der Stadtgestaltung behandelt worden. Erst zu Beginn der achtziger Jahre erhielt dieser wichtigste Platz der Hansestadt ein neues Gesicht: Moderne Verkaufspavillons aus Glas und Stahl und entsprechend gestaltete Lampen setzen einen ästhetisch gelungenen Kontrapunkt zur Rathaus-Fassade (links). Während draußen moderne Formen das Bild prägen (oben), herrscht drinnen bei festlichen Veranstaltungen (unten) immer noch der würdevolle Glanz des ausgeprägten hanseatischen Traditionsbewußtseins.

Hamburg's town planners long neglected the Town Hall square, and it was only in the early 1980s that this civic focal point received the treatment it was due. Now modern sales pavilons in glass-and-steel with matching lamp groups provide an attractive contrast to the Town Hall facade (left). While modern forms (above) set the scene outside, the festive occasions within the chambers still maintain the brilliance of Hanseatic traditions (below).

Négligée pendant très longtemps par les plans d'urbanisme, la place de l'Hôtel-de-Ville ne prit son visage actuel qu'au début des années quatre-vingts. C'est, depuis, la place la plus importante de la ville et ses modernes pavillons de vente – faits d'une ossature métallique et de verre – entourés de lampadaires de même style s'opposent en un contrepoint très réussi à la façade de l'Hôtel de Ville (à gauche). Et alors que les formes nouvelles font désormais partie du paysage de la cité environnante (en haut), la vieille tradition hanséatique, toujours vivace, prête aux réceptions officielles (en bas) un brillant majestueux.

La Plaza del Palacio de Gobierno en Hamburgo se ha visto mucho tiempo desatendida por la arquitectura urbanística. Sólo a comienzos de los años 80 de nuestro siglo, esta plaza principal de la ciudad hanseática ha cambiado de aspecto: modernos pabellones comerciales construidos en cristal y acero y farolas a tono constituyen un contraste estético logrado con la fachada del Palacio de Gobierno (izq.). Al exterior, el panorama está caracterizado por las líneas modernas (arriba), pero dentro se despliega, en los grandes actos oficiales (abajo), el brillo solemne del tradicionalismo hanseático.

Hamburgs jüngste Hauptkirche St. Michaelis – oder wie die Hamburger liebevoll sagen: der „Michel" – ist zu einer Art „Heimwehsymbol" für die Hamburger geworden.

Hamburg's most recently-built major church, St. Michaelis familiarly known as "the Michel" – has long been a sort of homesickness symbol for Hamburg citizens in faraway places.

Dernière en date des grandes églises de leur ville, le «Michel», comme les Hambourgeois appellent tout simplement la Michaeliskirche, est pour tous comme un symbole de la patrie hambourgeoise.

La torre de la iglesia principal más joven de Hamburgo: St. Michaelis – o Michel, como familiarmente se dice aquí – se ha convertido en una especie de "símbolo nostálgico" de todos los hamburgueses.

Die Michaeliskirche gilt als einer der schönsten sakralen Barockbauten in Norddeutschland. Für Gläubige ist sie eine Oase der Ruhe in unmittelbarer Hafennähe, für Musikfreunde ein akustisch-optisches Kunsterlebnis ersten Ranges. Die Aufführungen großer Oratorien und auch kleinerer Werke in dieser Kirche haben eine lange Tradition. Völlig vertraut sei ihm die Michaeliskirche erst durch die Konzerte geworden, schrieb der ehemalige Bundeskanzler Helmut Schmidt.

The Michaeliskirche is considered to be one of North Germany's finest sacral Baroque structures. For churchgoers it is an oasis of quiet in the bustling atmosphere of the port, for music-lovers it is the setting of often unforgettable musical experiences. Performances of the great oratorios and smaller works are a centuries-old tradition at St. Michaelis. Helmut Schmidt, the former Federal Chancellor, wrote that is was the concerts that had opened his eyes to the church itself.

L'église St-Michel est l'un des plus beaux monuments d'art sacral de style baroque d'Allemagne du Nord. Véritable oasis de paix pour le croyant en dépit de la proximité du port, c'est, pour le mélomane, le théâtre d'évènements musicaux de premier plan. Les concerts qui y sont proposés, au programme desquels figurent aussi bien les oratorios les plus célèbres que des œuvres moins connues, maintiennent une longue tradition. L'ex-chancelier Helmut Schmidt devait écrire à son sujet que l'église St-Michel ne lui est devenue vraiment familière qu'à travers ses concerts.

La iglesia de St. Michaelis es considerada como uno de los ejemplos de arquitectura sacra más hermosos del barroco en el norte de Alemania. Para los creyentes es un oasis de paz en la proximidad inmediata del puerto, para los amantes de la música, los conciertos que se dan en ella constituyen un acontecimieno acústico-óptico de primera categoría. La ejecución de grandes oratorios, y también de obras menores, en esta iglesia tiene ya larga tradición. El que fue canciller federal, Helmut Schmidt, escribió que con la iglesia de St. Michaelis sólo se había familiarizado del todo a través de sus conciertos.

Anflug von Norden her auf den Freihafen zu (oben). Die Anlage der Stadt läßt noch den Verlauf der alten Stadtbefestigung erahnen. Deutlich erkennbar ist auch der aus roten Backsteinen errichtete Gebäudekomplex der Speicherstadt. Auf der südlichen Elbseite liegen die in der zweiten Hälfte des vergangenen Jahrhunderts gebauten Hafenbecken, die in das Land hinein„geschnitten" wurden. Zu ihnen gehört auch der Roßhafen (rechts), in dem heute moderne Stückgutfrachter abgefertigt werden.

Considérée venant du nord, vue aérienne sur le port franc (en haut). L'implantation de la ville laisse encore apparaître le tracé des anciennes fortifications. Très reconnaissable également, le complexe des bâtiments de brique rouge formant le quartier des entrepôts. Pris sur le littoral, les bassins portuaires de la rive sud de l'Elbe furent construits dans la seconde moitié du siècle dernier. Dévolu au trafic des cargaisons mixtes, le bassin de Rosshafen (à droite) peut accueillir des cargos modernes.

Approaching Hamburg's freeport from the north (above). The view from the air reveals the lines of the old town fortifications. Clearly distinguishable are the red brick buildings of the bonded warehouse complex known locally as the Speicherstadt. On the south side of the river lie the main docks, built on moor and meadow land in the second half of the last century. Seen on the right is one of the harbour basins, the Rosshafen, where modern general-cargo ships are handled.

Volando desde el norte hacia el Puerto Franco (arriba) – La panorámica de la ciudad permite distinguir aún las líneas por donde corrían antiguamente las fortificaciones que la protegían. Claramente se reconoce, también, el complejo de la vieja Ciudad de los Almacenes, edificada en ladrillo rojo. En la orilla sur del Elba se extienden las dársenas del puerto construidas en la segunda mitad del siglo pasado, haciendo «cortes» en la tierra firme. Entre ellas se cuenta el puerto Rosshafen (der.) donde se despachan los modernos cargueros para mercancías en bultos.

*Die Schlepperflotte, die bei
Neumühlen auf ihre Einsätze wartet
(oben), um den großen Frachtern
beim Einlaufen in den Hafen zu
assistieren, braucht von der „Hamburg" (rechts) nicht in Anspruch
genommen zu werden. Das Fähr-
schiff geht mit eigener Kraft an den
Anleger hinter dem alten Elbtunnel.
Jeden zweiten Tag startet die „Hamburg"·von hier aus nach Harwich in
Südost-England und bedient damit
eine der erfolgreichsten internationalen Touristenrouten.*

*The tug-boats stationed at Neumüh-
len (above) await the call to assist
the big ships on their arrival. The
ferry "Hamburg" (right) needs no
help, however, in berthing at the
landing stage near the old Elbe
Tunnel. It departs from here every
second day for Harwich in south-
east England, serving one of the
most popular tourist routes.*

*Remorqueurs à hauteur de Neu-
mühlen (en haut), en attente d'être
affectés à l'assistance des gros cargos entrant et se déplaçant dans le
port. Le «Hamburg» (à droite),
quant à lui, rallie et quitte son quai
d'accostage, en aval de l'ancien
tunnel sous l'Elbe, par ses propres
moyens. Ce navire transbordeur
assure tous les deux jours le trafic
maritime entre Hambourg et Harwich (Angleterre du Sud-Est), ligne
touristique des plus fréquentées.*

*La flota de remolcadores que en
Neumühlen (arriba) espera ser lla-
mada para actuar asistiendo a los
grandes cargueros al entrar en el
puerto, no necesita acudir al "Hamburg" (der.). Este transbordador se
arrima por fuerza propia al embarcadero detrás de la cúpula del viejo
túnel del Elba. Cada dos días, el
"Hamburg" zarpa de aquí hacia
Harwich en el sudeste de Inglaterra,
cubriendo así una de las rutas
turísticas de mayor éxito.*

*Die schönste Strecke der „Hoch-
bahn" liegt zwischen Rödingsmarkt
und Landungsbrücken. Von dem
Viadukt aus hat der Fahrgast fünf
Minuten lang Sight-Seeing auf den
Hafen (rechts).*

*The most interesting part of the
Hochbahn, Hamburg's urban
railway, is between the stations
Rödingsmarkt and Landungsbrücken. The five minutes' run
along the elevated track provides
a foretaste of a sight-seeing tour
of the harbour (right).*

*Le tronçon compris entre les sta-
tions Rödingsmarkt et Landungsbrücken est le plus pittoresque d
réseau métropolitain de Hambou
La ligne est alors aérienne et on
découvre pour cinq minutes une
magnifique vue plongeante sur l
port (à droite).*

*El trayecto más interesante del
metro hamburgués va de la esta-
ción de Rödingsmarkt a la de
los embarcaderos de Landungsbrücken. Desde el viaducto, el vi
jero disfruta durante cinco minut
de una hermosa vista sobre el
puerto (der.).*

In jedem Jahr kommen rund 14.000 Seeschiffe die Elbe herauf: Stückgutfrachter, Containerriesen, Tanker und andere Massengutschiffe. Besonderes Aufsehen erregen immer wieder die großen Segelschulschiffe, die „Gorch Fock" der Bundesmarine oder auch die stolzen Segler befreundeter Nationen. Das argentinische Schulschiff „Libertad" (im Bild) gehört zu den regelmäßigen und gerngesehenen Gästen an der Überseebrücke. Bei günstigem Wetter kommen diese Schulschiffe sogar unter vollen Segeln in den Hafen.

Some 14,000 sea-going ships call at Hamburg annually: conventional cargo ships, container-ships, tankers and other bulk carriers. Special interest is always aroused by the arrival of the Federal Navy's sail training ship "Gorch Fock" or the proud sailing vessels of other nations. Argentine's sail training ship "Libertad" (seen here), is one of the frequent and welcome guests at the Überseebrücke. If the weather is right, they may even come up river under full sail.

On recense chaque année quelque 14.000 navires de long cours remontant l'Elbe jusqu'à Hambourg : cargos, porte-conteneurs géants, minéraliers et autres gros navires de charge. Aucun d'eux, toutefois, ne suscite jamais autant d'intérêt que les grands voiliers-écoles, tels le «Gorch Fock» de la marine fédérale allemande ou les fiers voiliers de nations amies. Le «Libertad», navire-école argentin (photo), est l'un des visiteurs familiers toujours chaleureusement accueillis au Überseebrücke. Lorsque le temps s'y prête, ces navires-écoles entrent même au port toutes voiles dehors.

Cada año suben unos 14.000 buques de altura por el río Elba: cargueros de mercancías en bultos, gigantescos portacontenedores, petroleros y otros buques de carga a granel. Particular atención despiertan cada vez los grandes buques escuela, el "Gorch Fock" de la Marina Federal y los orgullosos veleros de otras naciones amigas. El buque escuela argentino "Libertad" (foto) es uno de los huéspedes regulares y siempre bien recibidos en el Puente de Ultramar. Si hay viento favorable, estos buques entran en el puerto con todas las velas desplegadas.

*D*er Hafen hat Hamburg wohlhabend und bedeutend gemacht. So ist es verständlich, daß die Hamburger den Geburtstag ihres Hafens alljährlich am 7. Mai mit besonderer Begeisterung feiern. An diesem Tag des Jahres 1189 hat Kaiser Friedrich Barbarossa dem damaligen hamburgischen Landesherrn Adolf III. wichtige Privilegien für die Stadt gewährt, unter anderem Zollfreiheit auf der Elbe. Das Fest lockt jedesmal Hunderttausende an die Elbe (rechts). Einer der Höhepunkte ist immer wieder das „Schlepperballett“, bei dem die „Kraftprotze“ des Hafens gewagte Formationen fahren (oben).

The port has made Hamburg important and prosperous, so it's not surprising that the citizens celebrate its birthday each year on May 7 with special enthusiasm. It was on this day in 1189 that the emperor Frederick I, Barbarossa, granted the town important privileges, including customs exemption on the Elbe, through the then Hamburg sovereign Adolf III. The occasion attracts hundreds of thousands to the Elbe every year (right). One of the highlights is the "tugboat ballet" in which these sturdy vessels perform intricate figures (above).

Hambourg doit son opulence et son renom à son port. Aussi la liesse qui s'empare de la ville chaque année, le 7 mai, à l'occasion de la commémoration de la fondation du port, n'est donc que très naturelle. C'est à cette date de l'année 1189, en effet, qu'Adolf III, seigneur hambourgeois de l'époque, obtint de l'empereur germanique Frédéric 1er Barberousse, d'importants privilèges pour la cité, dont la franchise douanière sur l'Elbe. Les fêtes organisées ce jour là attirent à chaque fois des centaines de milliers de curieux sur les bords de l'Elbe (à droite). Et l'une des plus grandes attractions est toujours l'imposant «ballet» exécuté par les remorqueurs évoluant avec une aisance surprenante pour de tels colosses en figures hardies (en haut).

El puerto ha dado a Hamburgo riqueza e importancia: Así se comprende que sus habitantes celebren cada año su cumpleaños, el 7 de mayo, con particular entusiasmo. Este día de 1189, el emperador Federico Barbarroja concedió al entonces señor territorial de Hamburgo, el conde Adolfo III, importantes privilegios para la ciudad, entre otros la libertad aduanera en el Elba. Esta fiesta atrae cada vez cientos de miles de espectadores hacia las orillas del Elba (der.). Uno de los actos culminantes es todos los años el "ballet de los remolcadores" en el que los "fuertes" del puerto desarrollan audaces formaciones (arriba).

In einem modernen Hafen ist kaum noch Platz für die romantische Seite der Schiffahrt, zu der auch die künstlerisch gestalteten Galionsfiguren der Segelschiffe gehören (oben). Um so auffälliger sind die Kontraste zwischen der alten und neuen Zeit. Augenfälliger als in der Begegnung zwischen einem historischen Windjammer und einem Containerfrachter unserer Tage kann der Fortschritt nicht dokumentiert werden.

In modern ports there is no place for the one-time romance of shipping, as epitomized so well by the artistically fashioned figureheads of the sailing ships (above). All the more vivid is the contrast between the present and the past, and nowhere can progress be better documented than by the meeting of a historical windjammer and a modern container-ship.

Le côté romantique de la navigation, tel que l'évoque encore la tradition des magnifiques figures de proue ornant l'étrave des voiliers (en haut), n'a pratiquement plus de place dans un port moderne, et rien ne saurait mieux établir le progrès que la rencontre d'un vieux coursier des mers d'intérêt historique et d'un navire porte-conteneurs moderne. Contrastes, à la croisée d'hier et d'aujourd'hui.

En un puerto moderno casi ya no queda lugar para el lado romántico de la navegación marítima, que comprende también los artísticos mascarones de proa de los veleros (arriba). Tanto mayor es el contraste entre las épocas pasadas y el tiempo moderno, y nada puede llamar mayor atención que el encuentro entre un histórico velero y un portacontenedores de nuestros días.

Nach einer abenteuerlichen Odyssee (zuletzt unter dem Namen „Sagres") kam die „Rickmer Rickmers" vor ein paar Jahren wieder nach Hamburg, um als Museumsschiff im Elbehafen festzumachen. Am Hafentor erinnert sie an eine große Epoche der Seefahrt (rechts).

After a chequered history (finally under the name of "Sagres"), the "Rickmer Rickmers" returned to Hamburg a few years ago to become a museum ship. Now it is moored at the Hafentor landing stage where it provides a living reminder of the great age of sail (right).

Après une carrière très mouvementée, vécue pour finir sous le nom «Sagres», le «Rickmer Rickmers» revint il y a quelques années à Hambourg où il a définitivement jeté l'ancre. Accosté au quai de Hafentor, c'est aujourd'hui un musée flottant perpétuant le souvenir des grandes heures de la navigation (à droite).

Después de toda una odisea a lo largo de muchos años y por diversos países (últimamente con el nombre de "Sagres" en Portugal) "Rickmer Rickmers" volvió hace algún tiempo a Hamburgo para fondear como buque museo en el puerto del Elba. En la dársena de Hafentor, este velero evoca una época grande de la navegación transoceánica (der.).

*I*m Museumshafen Oevelgönne erleben einige Oldtimer der Schiff-fahrt einen umsorgten Lebensabend (linke Seite). Die alte Fertigkeit des Spleißens kommt dabei zu neuen Ehren (unten). Die künstlerische Seite einer großen Vergangenheit kann man im Altonaer Museum nachvollziehen, das über eine faszi-nierende Sammlung alter Galions-figuren verfügt (oben).

The museum harbour at Oevel-gönne gives an assured old age to several shipping veterans (oppo-site), and incidentally helps restore the ancient art of splicing to new life (below). The artistic side of an illustrious past can be seen in the Altona Museum, where the visitor can admire a fascinating collection of old figureheads (above).

Ressuscitant l'Histoire de la naviga-tion, d'authentiques vieux bâtiments vivent une retraite paisible au Mu-seumshaven d'Oevelgönne (page de gauche) où le vieil art de l'épis-sure s'est vu remis à l'honneur (en bas). Au musée d'Altona, une pres-tigieuse collection d'anciennes figu-res de proue révèle le côté artistique d'un grand passé (en haut).

En el puerto museo de Oevelgönne, algunas viejas glorias – más gran-des o más pequeñas – de la nave-gación están gozando de un mere-cido retiro (izq.). La tradicional habilidad de ayustar cabos renace aquí (abajo). El lado artístico de un gran pasado puede contem-plarse en el Museo de Altona donde se expone una fascinante colección de mascarones de proa (arriba).

Als die Köhlbrandbrücke mit ihren unverwechselbaren in den Himmel ragenden Pylonen 1974 eingeweiht wurde, erklärten sie die Hamburger sogleich zu einem Wahrzeichen ihrer Stadt. Für Ästheten ist sie die schönste Brücke Europas. Hafenplaner und Verkehrsexperten sehen das nüchterner: Für sie ist dieses 520 Meter lange Meisterwerk der Brückenbaukunst schlicht eine leistungsfähige Verbindung zwischen dem östlichen und dem westlichen Teil des Freihafens.

The motorway bridge over the Köhlbrand channel, inaugurated in 1974, has since become one of Hamburg's best-known landmarks. For some it is Europe's most elegant bridge, but the port planners and traffic experts see it more prosaically. For them this 520-metre-long bridge-building masterpiece is merely an efficient link between the eastern and western parts of Hamburg's freeport.

Inauguré en 1974, le Köhlbrandbrücke fut accueilli dès le premier jour par les Hambourgeois comme un nouvel emblème de leur ville. Avec les lyres de ses pylônes haubannés s'élançant fièrement dans le ciel, cet ouvrage d'art spectaculaire est considéré par les esthètes comme le plus beau pont d'Europe. Plus prosaïquement, les promoteurs et experts en questions de trafic voient dans ce pont autoroutier enjambant l'Elbe sur une longueur totale de 520 mètres l'avantage d'une liaison directe et efficace entre les différentes parties du port franc de Hambourg.

Cuando el puente del Köhlbrand, con sus inconfundibles pilones erguidos hacia el cielo, fue inaugurado en 1974, los hamburgueses lo incluyeron inmediatamente entre los monumentos característicos de su ciudad. Para los estetas, es el puente más hermoso de Europa. Los que proyectan nuevos planes portuarios y vías de transporte lo ven con más realismo: Para ellos, esta obra maestra de la ingeniería, con sus 520 metros de longitud, es simplemente un enlace de gran capacidad entre los sectores este y oeste del Puerto Franco.

*M*it über 2400 Brücken ist Hamburg die brückenreichste Stadt des Kontinents. Die 1927 gebaute Krugkoppelbrücke (Mitte), auf der Zuschauer den schönsten Logenplatz bei Alster-Feuerwerken finden, ist mit ihren schöngeschwungenen Bögen ein Meisterwerk des Hamburger Oberbaudirektors Fritz Schumacher. Ein halbes Jahrhundert älter ist die Heiligengeistbrücke über das Alsterfleet (unten).

Hamburg has more bridges than any other city on the European continent – more than 2,400 of them. The elegantly arched Krugkoppelbrücke (centre), built in 1927, is a masterwork of Fritz Schumacher, famous director of building in Hamburg. It provides a fine grandstand view of the Alster fireworks. Half a century older is the Heiligengeistbrücke over the Alsterfleet (below).

Hambourg s'enorgueillit d'être la ville d'Europe comptant le plus grand nombre de ponts : plus de 2.400 au total. Construit en 1927, le Krugkoppelbrücke (au centre), chef-d'œuvre aux arches élégamment cintrées dû à Fritz Schumacher, ingénieur et directeur en chef des travaux publics de Hambourg, est toujours une loge convoitée pour jouir des feux d'artifice tirés sur l'Alster. Enjambant l'Alsterfleet, bras ramifié de l'Alster : le Heiligengeistbrücke, construit cinquante ans plus tôt (en bas).

Con más de 2.400, Hamburgo es la ciudad que más puentes posee en Europa. El Krugkoppelbrücke, construido en 1927 (centro), donde los espectadores se encuentran como en un palco para admirar los fuegos artificiales sobre el Alster, es con sus elegantes arcos una obra maestra de Fritz Schumacher, que fue Director de Urbanismo de la ciudad. Medio siglo más antiguo aún es el Heiligengeistbrücke que salva el canal del Alster (abajo).

*E*rst die Technik des Industrie-Zeitalters ermöglichte Brücken für den Nord-Süd-Verkehr über die Elbe. Fast hundert Jahre liegen zwischen den beiden parallel laufenden Stahlkonstruktionen über die Norderelbe (rechts).

Lively north-south traffic over the Elbe only really got going with the bridges made possible by the technology of the Industrial Age. Almost a hundred years separate these two parallel steel structures across the North Elbe (right).

Seul l'avènement de la production industrielle des matériaux devait permettre la construction des ponts qui ouvrirent l'axe Nord-Sud au-dessus de l'Elbe. Près d'un siècle sépare ces deux ouvrages métalliques parallèlement jetés au-dessus du bras nord de l'Elbe (à droite).

Sólo la técnica de la era industrial permitió construir puentes para el tráfico norte-sur sobre el Elba. Cien años separan las dos estructuras de acero paralelas que cruzan el brazo norte del Elba (der.).

*V*or hundert Jahren, von 1881 bis 1888, baute Hamburg seine Frei-hafen-Speicherstadt. Für sie mußte damals ein malerisches Kauf-manns- und Wohnquartier mit 1000 teilweise repräsentativen Bürger-häusern geopfert werden. Über 20.000 Menschen verloren ihre Wohnungen und wurden in andere Stadtviertel umgesiedelt.

Hamburg's bonded warehouse complex was built a hundred years ago, from 1881 to 1888. It involved the destruction of a picturesque merchant and residential quarter with about a thousand burghers houses, many of them imposing and stately. More than 20,000 people had to move and find some-where else to live.

Construit voilà cent ans, entre 1881 et 1888 : le quartier des entrepôts du port franc. A son emplacement, s'étendait autrefois tout un pittores-que quartier bâti à fonction résiden-tielle et commerçante ne compre-nant pas moins de 1 000 maisons bourgeoises, dont bon nombre d'une très belle architecture, que la ville, à l'époque, fit entièrement détruire, obligeant une population de plus de 20 000 personnes à abandonner leur foyer pour aller se reloger ailleurs.

Hace 100 años, entre 1881 y 1888, se construyeron los Almacenes en el Puerto Franco, proyecto para el que se sacrificó un pintoresco barrio comercial y residencial con 1.000 casas de arquitectura burguesa, algunas de excelente estilo. Más de 20.000 habitantes perdieron su hogar y fueron reasentados en otras barriadas.

*D*ie roten Backsteinspeicher des Freihafens sind ein „Warenlager Welthandels": Von Kakao bis Tabak, von Tee bis Kaffee, von N sen bis hin zu Orientteppichen u Gewürzen verbreiten die eingela ten Güter ihre exotischen Düfte. I soliden Bauten erfüllen genau di Wünsche der Lagerhalter, die in Hamburg „Quartiersleute" heißer Auf den Böden der Speicher ist e im Sommer immer angenehm kü und im Winter warm. Ein Stück historischer, aber noch voll funk onsfähiger Hafen.

The red sandstone buildings, wit the freeport area, are one vast warehouse of world trade, per-meated by the odours of cocoa, coffee, tobacco, nuts, spices, car from the Orient and other exotic wares. Their thick walls exactly meet the requirements of the wa housemen (called Quartiersleute Hamburg): agreeably cool in sur mer and temperate in winter. A of the historic port, still optimall functional in the world of today.

Les entrepôts de brique rouge du port franc sont un immense «ma sin de stockage du commerce m dial» : du cacao au tabac, du thé café et des noix aux tapis d'Orie et aux épices, tout un impression nant assortiment de marchandis et de denrées y dégage un mond bariolé de senteurs exotiques. Ce bâtiments à l'architecture vigou-reuse assurent aux «quartiers», comme s'intitulent à Hambourg l entreprises de manutentionnaire entrepositaires, des conditions i les pour leurs activités : des gre niers agréablement frais en été e tempérés en hiver. Un vestige, ce tes, mais pleinement fonctionnel l'histoire du port.

Los Almacenes del Puerto Franc arquitectura de ladrillo rojo – so un verdadero depósito de mer-cancías de todo el mundo donde mezclan toda clase de exóticos res: desde el cacao al tabaco, de el té al café, desde nueces hasta alfombras orientales y especias. Los edificios, de sólida estructu cumplen todas las exigencias de almaceneros, siendo agradable-mente frescos en verano y calien en invierno. Un sector histórico puerto que cumple aún plename sus funciones.

er Hafen – das ist ein vielschich-
es Wirtschaftsgefüge, ein ganzes
ndel unterschiedlicher Dienst-
stungen. Zu ihnen gehört auch
 Hafenschiffahrt, die über eine
ze Armada moderner Schlepp-
rzeuge verfügt. Der Barockturm
der Bildmitte gehört zu St. Katha-
en. Die Kirche wurde in den
mbennächten von 1943 fast völ-
zerstört, später aber nach den
en Plänen wiederaufgebaut.

e port is one vast assembly of
ivities, an interlocking bundle of
vices. A vital part of it all is the
rbour shipping with its armada
tugboats and auxiliary craft.
e baroque church steeple in the
tre of the picture is that of St.
tharinen. The church has been
thfully rebuilt to the old drawings
er having been almost totally
stroyed in the night bombing
ds of 1943.

port – une structure économique
s plus diversifiées, un réseau
ceptionnel de services, dont, pour
 besoins de la navigation dans la
ne portuaire, ceux de toute une
tte de remorqueurs modernes.
clocher d'architecture baroque
e l'on aperçoit au centre de la
oto est celui de l'église Ste-Cathe-
e, presque entièrement détruite
s des bombardements de 1943 et
onstruite plus tard selon les
ns d'origine.

puerto conforma toda una
ructura económica de múltiples
etas, toda una paleta de los más
ersos servicios. Entre éstos se
nta, también, la navegación por-
ria que dispone de toda una
ta de modernos remolcadores.
campanario barroco al centro es
 St. Katharinen. En los bombar-
os aéreos de 1943, este templo
edó casi totalmente destruido,
ro fue reedificado más tarde con
eglo a planos antiguos.

Die Stadt, die der Schiffahrt alles
verdankt, durfte sich getrost auch
einmal in der Architektur an den
Formen der großen Überseeschiffe
orientieren. Der Hamburger Archi-
tekt Fritz Höger baute im Kontor-
hausviertel das von dem Reeder,
Bankier und Salpeter-Importeur
Henry Brarens Sloman in Auftrag
gegebene Chilehaus, dessen spitz
zulaufende Fassade an den Bug
eines Schiffes erinnert.

It is fitting that the town that owes
everything to shipping should once
give expression to the fact in its
commercial architecture. Seen here
is Chilehaus in the shipping offices
district. Built by the Hamburg archi-
tect Fritz Höger for the shipowner,
banker and saltpetre importer
Henry Brarens Sloman, its contours
suggest the mighty bows of a ship.

Les urbanistes de Hambourg, ville
dont l'histoire fut entièrement tissée
par la navigation maritime, se
devaient de se laisser un jour inspi-
rer par les formes des grands navires de long cours. Construite dans
un quartier d'affaires du centre par
l'architecte hambourgeois Fritz
Höger pour le compte d'Henry Brarens Sloman, armateur, banquier et
importateur de salpêtre, la «Chilehaus» est remarquable par l'origi-
nalité de sa façade aux lignes
fuyantes qui évoquent la proue
d'un navire.

La ciudad debe gran parte de su
esplendor y riqueza a la navegación marítima. En el barrio de
los edificios de oficinas, el arqui-
tecto hamburgués Fritz Höger
construyó por encargo del naviero,
banquero e importador de salitre
Henry Brarens Sloman la Casa de
Chile cuya fachada en punta
recuerda la proa de un barco.

imburgs mittelalterliche Kauf-
nnshäuser waren so gebaut, daß
mit ihrer „Arbeitsseite" zum Fleet
lagen, einem der Kanäle zwi-
en Alster und Elbe. Auf diese
ise konnten die über See herein-
ommenen Güter mit Schuten
chen Lastkähnen) direkt ange-
ert werden. An der Deichstraße,
der 1842 der Große Brand aus-
ch, ist ein gutes Dutzend dieser
n Häuser durch private Initiative
alten geblieben.

nburg's mediaeval merchants'
uses were built with their "busi-
s end" facing the fleets, the
als between Alster and Elbe, so
t the merchandise from overseas
ild be delivered directly by flat-
tomed barge. About a dozen of
old houses have been privately
served in the Deichstrasse, the
et where the great fire of 1842
ke out.

commerçants hambourgeois du
yen Âge construisaient leurs
isons de telle façon qu'une
ade donne sur un des bras rami-
s entre l'Alster et l'Elbe, ce qui
r permettait de recevoir directe-
nt en leurs magasins, apportées
chalands, les marchandises
ues d'outre-mer. Grâce à une
ration de sauvegarde du patri-
ine historique d'initiative privée,
e bonne douzaine de vieilles
isons du genre purent être remi-
en valeur en bordure de la
ichstrasse d'où partit l'incendie
i ravagea la ville en 1842.

la edad media, los edificios
dicados al comercio se cons-
yeron en Hamburgo de forma
e su "fachada de trabajo" recaía
cia alguno de los canales que
n hoy surcan la ciudad entre los
s Alster y Elba. De esta manera,
géneros procedentes de ultra-
r pudieron ser entregados a los
stinatarios directamente por
dio de gabarras o chalanas de
co calado. Gracias a una inicia-
a privada, a lo largo de la calle
ichstrasse – donde en 1842 se
ció el Gran Incendio – se ha con-
vado una buena docena de
as antiguas edificaciones.

*Im Schatten des „Michel" liegen die
sorgfältig restaurierten Krameramtswohnungen, die im 17. Jahrhundert
für die Witwen der Kramer (Klein-
händler) gebaut wurden. Das Fach-
werkensemble vermittelt einen
lebendigen Eindruck von der Enge,
die in der dicht bebauten alten
Festungsstadt herrschte.*

*In the shadow of St. Michaelis
stand the carefully restored houses,
the so-called Krameramtswohnungen, built in the 17th century for the
widows of small shopkeepers, or
Kramer. The row of timber-framed
dwellings well illustrates the
crowded conditions that prevailed
in old fortified Hamburg.*

*A l'ombre de l'église St-Michel, la
venelle, si joliment restaurée, des
«Krameramtswohnungen»-ensemble
de petits logis à colombages construits au 17ème siècle par la confré-
rie des petits commerces pour
accueillir les veuves de la profes-
sion – est un témoignage vivant de
l'étroitesse qui régnait à l'époque à
l'intérieur des remparts de la vieille
cité de Hambourg.*

*A la sombra del campanario de
St. Michaelis se encuentran las
viviendas, cuidadosamente restauradas, llamadas Krameramtswohnungen que en el siglo XVII fueron
construidas para las viudas del
gremio de los "Kramer" (tenderos o
menoristas). Este conjunto de casas
de entramado proporciona una
impresión viva de la estrechez que
reinaba en la ciudad fortificada
de aquellos tiempos.*

*Zu den bevorzugten Wohngegen-
den gehören die Straßenzüge rund
um die Außenalster mit großbürger-
lichen Villen und gepflegten Gärten.
Oft liegen die Häuserfronten wie
die am Leinpfad (oben) zum Wasser.
Wo die Häuser weniger repräsen-
tativ sind, wollen die Hamburger
auf Lebensfreude im Grünen
dennoch nicht verzichten. Manch
eine Hinterhofidylle hält mehr, als
die Fassaden versprechen (rechts).*

*Prized locations are the areas
bordering the Outer Alster, where
the tone is set by upper middle-class
villas and well-tended gardens,
with the house fronts often facing
the water, as here on Leinpfad
(above).
Where the houses are not so stylish,
the people still contrive to bring
some pleasure and greenery into
their surroundings. Some of the
backcourt idylls reveal more than
the house fronts would suggest as
seen on the right.*

*Avec leurs demeures et villas cos-
sues entourées de jardins ordonnés,
les quartiers riverains du bassin
extérieur de l'Alster forment une
couronne résidentielle bourgeoise et
de prestige. Les maisons y ont
même parfois pignon sur l'eau,
comme ici, en bordure du Leinpfad
(en haut).
La population moins favorisée n'en
renonce pas pour autant à s'entou-
rer du plaisir de vivre au vert et
nombreuses sont les arrière-cours
jalousement repliées sur une idylle
fleurie et verdoyante que n'annonce
pas la façade (à droite).*

*Las zonas residenciales preferidas
son las calles en torno al Alster
Exterior con sus villas y chalets de
la alta burguesía y cuidados jardines. En muchos casos, las fachadas
de las casas dan al agua, como
aquí en la calle Leinpfad (arriba).
Aun donde la arquitectura es
menos ostentosa, los hamburgueses tampoco quieren renunciar a
vivir en un entorno verde. Muchos
idilios en los patios escondidos
detrás de los edificios cumplen más
de lo que prometen las fachadas
de las casas (der.).*

Nach dem Großen Brand von 1842 setzte in Hamburg ein unvergleichlicher Bauboom ein. Die Colonnaden waren eine der Straßen, die als Verbindung zwischen dem Stadtzentrum und den nordwestlichen Vororten gebaut wurden. Ein großer Teil der gründerzeitlichen Etagenhäuser mit herrschaftlichen Wohnungen hinter repräsentativen Fassaden sind erhalten geblieben und stehen unter Denkmalschutz. Die Colonnaden wurden vor einigen Jahren zu einer Fußgängerzone umgestaltet. Die Anlieger verstanden das zu Recht als ein Signal, Straßencafés und „Open Air"-Kneipen einzurichten.

An unprecedented building boom commenced in Hamburg after the great fire of 1842. The street known as the Colonnaden, for example, was cut through the close-packed houses from the town centre in the direction of the north-west suburbs. Many of the tall buildings of the period, with stately homes behind imposing facades, still stand today and are the subject of a preservation order. Colonnaden was made a pedestrian street several years ago, which was rightly taken by café owners and restauranteurs as a signal to set up street cafés and outdoor pubs.

Après le grand incendie qui détruisit la ville en 1842, Hambourg connut une vague d'opérations d'urbanisme jusque là sans pareille. La rue «Colonnaden» est l'une des voies ouvertes alors pour relier le cœur de la ville aux faubourgs nord-ouest. Une grande partie des immeubles de jadis y subsistent, qui, derrière leurs façades à l'architecture à la fois sobre et d'une haute qualité aujourd'hui classées, édifiées dans le style composite de la seconde moitié du 19ème siècle, offraient des appartements de très grande dimension. Elle fut instaurée zone piétonne il y a quelques années, mesure aussitôt mise à profit par les cafés, caves, bistrots et restaurants riverains pour y installer de bien agréables terrasses de plein air.

Después del Gran Incendio de 1842, se extendió por todo Hamburgo una verdadera fiebre constructora cuyo resultado fueron nuevas edificaciones de incomparable variedad. Una de las calles que se abrieron como enlace entre el centro urbano y los suburbios del noroeste fueron las Colonnaden. Gran parte de los edificios de ostentosas fachadas y suntuosas viviendas en varios pisos, construidos después de la Guerra del 1870/71, se han conservado como monumentos protegidos. Hace algunos años, las Colonnaden fueron convertidas en zona peatonal y los vecinos entendieron esto, justificadamente, como una invitación a abrir cafés y bares al aire libre.

gestörter Einkaufsbummel bei
em Wetter: Hamburgs Passagen
ils neu errichtet, teils in beste-
de Geschäftshäuser hineinge-
t – vermitteln Einkaufserlebnisse
besonderem Reiz. Diese Ein-
fspassagen ziehen sich als ein
meterlanges Labyrinth durch die
tliche Innenstadt.

pping expeditions whatever the
ther: Hamburg's arcades and
sages, some originally new, oth-
built through existing business
nises, make shopping some-
g special. They meander laby-
h-like for kilometres through the
stern end of the city centre.

he-vitrines par tous les temps :
passages commerciaux de Ham-
rg – certains créés ces dernières
ées de toutes pièces, les autres
énagés dans les galeries d'im-
ubles de commerce existants –
t des lieux de passage et de flâ-
ie où faire ses emplettes devient
onyme de partie de plaisir. Ils se
ploient sur un kilomètre comme
labyrinthe à travers le quartier
st du centre-ville.

e compras sin molestias con
lquier tiempo: los pasajes de
mburgo – en parte nuevos, en
te integrados en edificios comer-
les ya existentes – ofrecen tien-
atractivas y otros alicientes.
os pasajes de compras se extien-
, como un laberinto de varios
ómetros, por la parte occidental
centro urbano.

*Jede Passage spricht auf ihre Art
das Publikum an: das „Hanse
Viertel" mit seinem breiten Bran-
chenspektrum und dem luftigen
Glasdach (links) ebenso wie der
traditionsreiche „Hamburger Hof"
(rechts) und die „Gänsemarkt-
Passage" (kleines Foto) mit betont
sachlicher Stahlkonstruktion.*

*Each passage has its particular
ambience. There is the "Hanse Viertel" with its wide assortment of
shops under the high glass roof
(left), the tradition-rich "Hamburger
Hof" (right) and the "Gänsemarkt
Passage" (small picture) with its
decidedly matter-of-fact steel struc-
tural work.*

*Chaque passage a son atmosphère :
foisonnement des choix sous une
verrière aérée au «Hanse Viertel» (à
gauche), pittoresque et tradition
dans le «Hamburger Hof» (à droite)
et rigueur marquée d'une architecture faite de verre et d'acier dans le
«Gänsemarkt-Passage» (en haut).*

*Cada pasaje atrae al público de
una manera particular: el "Hanse
Viertel" con su gran variedad de
ramos representados y su airoso
techo de cristal (izq.) igual que el
"Hamburger Hof" (der.) de tanta
tradición y el "Gänsemarkt-Passage" (foto peq.) con su estructura
funcional de acero.*

*A*uf dem Markt lernt man die Menschen kennen" lautet eine alte hanseatische Weisheit. So spielen denn auch Märkte im Leben der Stadt eine wichtige Rolle. Von erlesenen Antiquitäten (oben) bis zum Lebensnotwendigen befriedigen Hamburgs Märkte alle Bedürfnisse. Die größte Popularität als Wochenmarkt genießt der „Isemarkt" unter dem Hochbahn-Viadukt an der Isestraße (rechts).

"The market's where you get to know people" is an old Hanseatic maxim. The markets play an important role in the life of the city. From exquisite antiques (above) to the daily essentials, Hamburg's markets meet every requirement. The most popular of the weekly open-air markets is the Isemarkt, which is held in Isestrasse directly under the elevated tracks of the Hochbahn, the urban railway.

Un vieil adage hambourgeois prétend que «c'est dans l'ambiance des marchés qu'on apprend à connaître les gens», ce qui explique que ceux de Hambourg fassent tant partie intégrante de la vie de la ville. De la jolie brocante (en haut) aux denrées de première nécessité, ils offrent aux ménagères et aux fouineurs des étalages couvrant tous les besoins. Installé à l'ombre du viaduc d'Isestrasse de la ligne aérienne du métro, l'Isemarkt est le plus populaire des marchés hebdomadaires de Hambourg (à droite).

"Para conocer a la gente, hay que ir al mercado", es un antiguo dicho hanseático. Y así es que los mercados desempeñan un papel muy importante en la vida de la ciudad. Los mercados de Hamburgo ofrecen todo lo que se pide, desde selectas antigüedades (arr.) hasta los artículos de primera necesidad de todos los días. De la mayor popularidad goza el mercadillo "Isemarkt" debajo del viaducto del metro en la calle Isestrasse (der.).

*E*s vergeht kaum ein Wochenend an dem es in Hamburg nicht irgendwo einen Flohmarkt gibt: Umschlagplatz für Amüsantes, Überflüssiges, Kurioses und man mal auch Brauchbares.

There's hardly a weekend in Hamburg without a flea market some where: emporium for the amusir the discarded, the curious, and sometimes what's useful.

Il n'est pratiquement pas de sam ou de dimanche qu'un marché a puces n'ait lieu en un quartier qu conque de Hambourg : rendez-vo du plaisant, du superflu, de l'inso lite et, parfois aussi, de l'utile.

Apenas habrá un fin de semana que no haya un mercado de viej un "rastro", en alguna parte de Hamburgo: lugares de intercamb de cosas divertidas, superfluas, curiosas y, a veces, incluso útiles

Hamburg gilt weltweit als eine Stadt großartigen Musiktheaters. „Cats" wurde zu einem überragenden Erfolg mit kaum erwarteten Zuschauerrekorden (oben). John Neumeiers Ballett „Die Kameliendame" nach der Musik von Frédéric Chopin wurde im Studio Hamburg verfilmt (rechts).

Hamburg is regarded worldwide as a city of first-rate musicals and theatre. "Cats" was an outstanding success with totally unexpected attendance records (above). John Neumeier's ballet "The Lady of the Camellias" to the music of Frédéric Chopin was filmed in the Hamburg studios (right).

Hambourg jouit d'une réputation universelle pour la qualité des spectacles musicaux qui y sont montés. Succès retentissant, «Cats» y enregistra un nombre d'entrées qui devait dépasser toutes les attentes (en haut). Les prises de vues du ballet de «la Dame aux camélias», créé par John Neumeier, musique de Frédéric Chopin, se déroulèrent au Studio Hamburg (à droite).

Hamburgo es considerada en todo el mundo como una ciudad donde se representan magníficos musicales. El famoso "Cats" se convirtió en un éxito arrollador con récords de caja apenas esperados (arr.). Del ballet de John Neumeier "La dama de las camelias", con música de Federico Chopin, se rodó una película en el Studio Hamburg.

Die „Hamburger Szene" ist in den sechziger und siebziger Jahren zu einem Begriff geworden, der das „Swinging Hamburg" bezeichnet, jene liebenswerte Seite der Stadt, in der begabte junge Musiker und Sänger ihren Erfolg suchten und manchmal fanden.

Wer noch kein Podium hat, der begnügt sich zunächst auch mit dem Alsteranleger am Jungfernstieg (oben) oder gibt eine Probe seiner Kunst auf dem Rathausmarkt.

In the 'sixties and 'seventies the Hamburg "scene" fully earned the description of "Swinging Hamburg", that engaging facet of the town where young and aspiring musicians and singers pursued success and sometimes found it.

Those who don't yet have a platform, they make do with the Alster ship landing stage at Jungfernstieg (above), or give a sample of their art on the Town Hall square.

Côté scène, c'est dans les années soixante et soixante-dix que Hambourg, toujours mobile et changeante, s'affirma devenir une métropole particulièrement accueillante dans laquelle bon nombre de jeunes et talentueux musiciens et chanteurs vinrent chercher ... et parfois trouvèrent la célébrité.

En attendant les tréteaux, maint talent naissant se contente du décor offert par le débarcadère de Jungfernstieg (en haut) ou par la place de l'Hôtel de Ville pour attirer sur lui l'attention des passants.

La "Escena Hamburguesa" ha llegado a ser una conocida institución, sinónimo de "Swinging Hamburg", aquel lado simpático de la ciudad con jóvenes músicos y cantantes de talento que buscan el éxito, y a veces lo encuentran.

Quien no cuenta con un tablado propio, se contenta de momento con el embarcadero en la orilla del Alster junto al Jungfernstieg (arr.) u ofrece una muestra de lo que sabe hacer en la plaza delante del Palacio de Gobierno.

Auf dem Hamburger Fischmarkt wird keineswegs nur Fisch verkauft. Was sich jeden Sonntagmorgen am Altonaer Elbufer abspielt, ist ein hanseatisches Volksfest mit einer ganz besonderen Atmosphäre. Die restaurierte Fischauktionshalle aus der Gründerzeit des 19. Jahrhunderts bietet die beste Kulisse, die man sich für diesen traditionsreichen Spaß vorstellen kann.

Hamburg's fish market is not just there for selling fish. What takes place there every Sunday morning on the banks of the Elbe at Altona is popular merrymaking in a quite special atmosphere. The restored fish auction hall from the last century provides an appropriate background to the traditional fun.

Le «Fischmarkt» (marché aux poissons) n'est pas, comme son nom le donne à penser, exclusivement réservé à la vente du poisson. L'atmosphère très particulière qui règne dès la pointe du jour le dimanche matin sur la berge de l'Elbe d'Altona est une manifestation populaire spécifiquement hanséatique. Aucune autre coulisse que la halle de la marée (seconde moitié du 19ème siècle) ne saurait mieux convenir à cette attraction riche de couleur locale.

En el Mercado de Pescado de Hamburgo no sólo se vende pescado, ni mucho menos. Lo que se desarrolla todos los domingos por la mañana en la orilla del Elba en Altona, es una fiesta popular hanseática con un ambiente muy especial. La nave restaurada dedicada a las subastas de pescado, construida hace más de 100 años, es el mejor escenario que uno se pueda imaginar para esta diversión.

*D*er Fischmarkt wäre nichts ohne seine Originale, die schon am frühen Morgen die Stimmung des Publikums anheizen. Wenn „Aal-Dieter" und „Bananen-Harry" ihre „Schmeckhappen" in die Menge werfen, recken sich Dutzende von Armen. Die Preise werden nicht nach Gewicht, sondern über den Daumen gemacht. Flotte Sprüche gibt's gratis dazu.

The fish market would be nothing without its characters, who get the high spirits going early in the morning. When types such as "Eel Dieter" or "Banana Harry" toss their "appetizers" into the throng, a sea of eager arms stretches out. Prices are not by weight, but just approximated. And the quips and wisecracks that go with it are for free.

L'ambiance du marché aux poissons doit tout son pittoresque aux manières fantaisistes de ses personnages folkloriques. Tels «Didier l'Anguille» et «Harry la Banane», par exemple, lançant à la cantonade des «bouchées» de leurs produits à une foule avide de s'en saisir pour «goûter». Quant au prix des achats, ce n'est pas le poids qui en décide mais la seule bonne humeur du moment. Aussi maints lève-tôt font-ils souvent de bonnes affaires, ficelées, en prime, dans un torrent verbal truculent.

El Mercado del Pescado no sería nada sin sus tipos originales que ya muy temprano por la mañana comienzan a animar el ambiente entre la gente. Cuando "Aal-Dieter" tira a la multidud que se agolpa delante de su stand sus muestras de deliciosas anguilas ahumadas y "Bananen-Harry" sus manos de plátanos, se levantan docenas de brazos. Los precios no se hacen por peso sino a ojo y el que ha madrugado puede salir ganancioso. De todas formas, los chistes que hacen los vendedores, son gratis.

Unter den gußeisernen Geländern und Dachträgern der Fischauktions-halle kann sich die Fischmarkt-Stimmung besonders gut entfalten. Die Boxen mit den Stallkaninchen, Perlhühnern und anderen Kleintie-ren sind vor allem für Stadtkinder eine Attraktion.

Wer kutterfrische Schollen und Kabeljau kaufen möchte, kann sich direkt über die Bordwand hinweg bedienen lassen (rechte Seite).

The fish-market atmosphere can develop to the full under the cast-iron railings and roof girders of the fish auction hall. The boxes with the domestic rabbits, the guinea fowl and other small animals are a particular attraction for children.

The fishermen do a lively trade in selling their freshly caught plaice or cod to the fish-market visitors directly over the gunwale of their boats (opposite).

L'organisation du carreau de vente et des galeries de la halle de la marée, avec ses garde-corps et pou-tres de fer forgé, est des plus propi-ces à entretenir l'ambiance du mar-ché aux poissons. Les stalles réser-vées aux lapins, aux pintades et autres petits animaux retiennent surtout l'intérêt des petits citadins.

Et pour les amateurs de plie ou de cabillaud, les chalutiers de pêche fraîche sont là, dont les patrons ne demandent pas mieux que de ven-dre leurs prises (page de droite).

El espacio debajo de las baran-dillas y vigas de hierro de la Nave de Subastas de Pescado es el mejor escenario para que se desarrolle el ambiente típico del Mercado del Pescado. Las jaulas con conejos, gallinas y otros animales pequeños son una atracción sobre todo para la chiquillería de la ciudad.

Quien quiere comprar platijas y bacalaos frescos, recién traídos por los pequeños pesqueros, puede hacer que se los sirvan desde "a bordo" directamente (der.).

Der „Michel" wacht über den Straßen von St. Pauli (oben) wie über dem „Dom" (rechts), der seinen Namen nach der 1806 abgerissenen Domkirche erhielt, in der zur Weihnachtszeit fröhlich gehandelt wurde. Heute findet dieses populärste Hamburger Volksfest auf dem Heiligengeistfeld statt.

The "Michel" watches over the streets of St. Pauli (above) just as over the "Dom" (right), which has its name from the cathedral church that stood until pulled down in 1806 and in which the traders' stalls were set up at Christmas time. Today this most popular of Hamburg's public festivals is held on the Heiligengeistfeld.

Telle une vigie, la haute silhouette du «Michel» semble veiller sur les rues de Sankt Pauli (en haut) comme sur le «Dom» (à droite). Cette fête foraine – la plus courue des réjouissances populaires de Hamburg, aujourd' hui installée sur le plateau du «Heiligengeistfeld» – tire son nom de la «Domkirche» (cathédrale), détruite en 1806, qui, jadis, accueillait chaque année au moment de Noël des petits commerçants qui y tenaient un marché aussi bigarré que joyeux.

El campanario de St. Michaelis vigila sobre las calles del barrio de las diversiones de St. Pauli (arr.) igual que sobre la feria popular (der.) celebrada varias veces al año y que los hamburgueses llaman "Dom", es decir "Catedral", curioso nombre tomado de la catedral derribada en 1806, en torno a la cual se desarrollaba antiguamente en invierno un alegre comercio navideño. Hoy, esta fiesta popular más conocida de Hamburgo se celebra en le explanada "Heiligengeistfeld".

Nervenkitzel ist die eine Seite des Hamburger Doms, viel Musik und kulinarische Genüsse die andere. Seinen besonderen Reiz bekommt das Volksfest durch die vieltausendfachen Lichteffekte am Abend.

Thrills and sensations are one side of the "Dom", lots of music and jovial eating the other. The special charm derives from the thousands of lighting effects in the evening.

Sensations fortes, frissons, flonflons des musiques, guinguettes et gastronomie – le Hamburger Dom est un univers de plaisirs disparates et colorés. Mais c'est le soir, baignée dans le flot de milliers de jeux de lumières, que cette fête gigantesque est la plus spectaculaire.

Experimentar algo de cosquilleo de nervios es un lado del "Dom" de Hamburgo, mucha música y numerosas tentaciones culinarias el otro. Los miles de luces que la iluminan por la noche dan a esta fiesta popular su particular atractivo.

Die Reeperbahn und die Große Freiheit sind das Zentrum des Hamburger Nachtlebens im Stadtteil St. Pauli. Die meisten Gäste, die hier abends bummeln gehen, sind allerdings „Sehleute".

Reeperbahn and Grosse Freiheit are the focus of Hamburg night-life in the St. Pauli area. But most people who congregate here of an evening just come to look.

Reeperbahn et Grosse Freiheit sont les deux rues «chaudes» du quartier Sankt Pauli, centre de la vie nocturne de Hambourg. La plupart des noctambules alléchés, toutefois, n'y viennent que «pour voir».

En las calles Reeperbahn y Grosse Freiheit del barrio de St. Pauli se concentra la vida nocturna hamburguesa, aunque la mayoría de la gente que pasea aquí por la tarde y la noche son meros espectadores.

*W*elche Metropole außer Hamburg kann Kongreßbesuchern mehr bieten? Ein modernes Kongreßzentrum, verbunden mit dem größten Hotel der Stadt und dem Messegelände, gleich davor die Farbarchitektur duftender Blütenteppiche im Park „Planten un Blomen".

Nach Einbruch der Dunkelheit liefert die Wasser-Licht-Orgel ein zusätzliches Farbenspiel hochaufschießender Fontänen.

What metropolis other than Hamburg can offer its congress visitors more? A modern congress centre alongside the city's largest hotel and linked to the exhibition grounds and, immediately in front, the fragrant and colourful flower patterns of the "Planten un Blomen" park.

And when darkness falls the water-and-light organ provides the spectacle of colourful fountains cascading high to music.

Quelle autre métropole que Hambourg serait en mesure d'offrir davantage à ses congressistes : un Palais des Congrès moderne communiquant à la fois avec le plus grand hôtel de la ville et avec le terrain des foires et expositions, et jouissant d'une vue magnifique sur la polychromie odoriférante des parterres fleuris du parc «Planten un Blomen»?
Et à la tombée de la nuit, l'embrasement du lac sous les jeux d'eau, de lumière et de musique est, aux beaux jours, un ravissement renouvelé chaque soir.

¿Qué metrópoli sino Hamburgo puede ofrecer mejor acogida a los numerosos congresistas que en ella se reúnen a lo largo del año? Un moderno Centro de Congresos, combinado con el mayor hotel de la ciudad y el recinto de la Feria de Muestras, e inmediatamente delante los olorosos y multicolores tapices de flores en el parque "Planten un Blomen".

Cuando cae la noche, el espectáculo de agua, luces y música imprime al conjunto una nota policroma adicional cuando todos sus surtidores y chorros se elevan hacia el cielo.

*F*ernöstliche Blütenpracht im neuen Botanischen Garten in den Elbvororten: Hier wurde die größte und schönste japanische Gartenanlage außerhalb des Landes der aufgehenden Sonne angelegt.

Luxuriating blossoms from the Far East in the New Botanic Garden. Here was laid out the biggest and finest Japanese garden outside the Land of the Rising Sun.

Luxuriance florale extrême-orientale au nouveau jardin botanique. On peut également y admirer le plus grand et le plus beau des jardins japonais créés hors des frontières du pays du Soleil-Levant.

Esplendor de flores orientales en el nuevo Jardín Botánico: aquí se instaló el mayor y más hermoso jardín japonés fuera del mismo país del Sol Naciente.

Hamburg ist eine Stadt, in der Fremde stets willkommen waren und das geistige Klima mitgeprägt haben. Als architektonische Kontrapunkte zu den vielen evangelisch-lutherischen Gotteshäusern (links die Gertrudenkirche am Kuhmühlenteich) sind die russisch-orthodoxe Kirche in Stellingen und die Moschee an der Alster die auffälligsten Zeugen fremden Glaubens.

Hamburg's spiritual climate has always been subtly influenced by people of other faiths, as witnessed by their houses of worship here. In striking architectural contrast to the many Lutheran Protestant churches (at left the Gertrudenkirche at Kuhmühlenteich), are the Russian Orthodox church in Stellingen and the mosque close to the Alster.

La présence étrangère à Hambourg a, de tous temps, influencé les idées. Dépaysement architectural s'inscrivant en contrepoint des nombreuses églises luthériennes évangéliques (à gauche : Ste-Gertrude, en bordure du Kuhmühlenteich) – l'église orthodoxe russe, à Stellingen, et la mosquée, à proximité du bassin extérieur de l'Alster, témoignent de l'activité cultuelle des communautés étrangères de Hambourg.

Hamburgo es un lugar donde los extranjeros siempre han intervenido en el ambiente cultural de la ciudad. Contrapuntos arquitectónicos de los numerosos templos evangélicos (a la izquierda, la iglesia de St. Gertrudis junto al lago Kuhmühlenteich) son la Iglesia ruso-ortodoxa en Stellingen y la Mezquita junto al Alster como testigos más llamativos de otras creencias.

Seit 1907, als Carl Hagenbeck seinen Tierpark in Stellingen eröffnete, ist das Eingangsportal mit den beiden lampentragenden Elefantenköpfen (oben) ein unverwechselbares Erkennungszeichen dieses weltberühmten Privatzoos. An sonnigen Sommertagen strömen durch dieses Portal Zehntausende, die Hagenbecks kunstvoll gestaltete Parkanlage auch als Naherholungsgebiet genießen möchten.

The two lamp-carrying elephant heads at the entrance have been the unmistakable symbol of Hagenbeck's world-famous private zoo since it was opened by Carl Hagenbeck in 1907. On fine summer days, tens of thousands of visitors stream through these gates not only to see the animals but also to enjoy the attractive parklands.

Depuis le jour où, en 1907, Carl Hagenbeck inaugura son parc zoologique de Stellingen, le portail de ce site privé, flanqué de deux têtes d'éléphants portant des luminaires, en est devenu un emblème célèbre dans le monde entier. Aux beaux jours, ce sont des dizaines de milliers de visiteurs qui franchissent le seuil de ce vaste parc magnifiquement aménagé dont les allées à l'abondante verdure sont aussi un lieu privilégié pour le promeneur gourmand de détente tonique.

Desde 1907, cuando Carl Hagenbeck abrió al público su parque de animales en Stellingen, el portal de entrada con las dos cabezas de elefante sosteniendo farolas es un distintivo inconfundible de este zoo privado de fama mundial. En los días soleados del verano pasan por este portal decenas de miles de visitantes que disfrutan de los artísticos jardines de Hagenbeck también para recreo y paseo sin salir de la ciudad.

Trotz des großen Andrangs emp[...] den die Besucher Hagenbecks ex[...] schen japanischen Garten mit d[...] roten Holzbrücken als einen Ho[...] der Ruhe (oben).

In spite of the crowds, visitors to[...] Hagenbecks find the exotic Japa[...] nese Gardens with the red wood[...] bridges an oasis of peace.

La forte fréquentation du parc Hagenbeck ne parvient pas à tro[...] bler la sérénité de ses jardins jap[...] nais, boisés d'essences exotique[...] coupés de ponts en bois laqué rouge (en haut).

A pesar de la gran afluencia de público, la gente considera el ex[...] tico jardín de Hagenbeck con su[...] puentes de madera roja un refug[...] tranquilo.

Carl Hagenbeck gilt als der „Erfinder" der inzwischen von Tierparks in aller Welt eingeführten Freigehege. Er ließ für die Tiere ganze Felslandschaften künstlich auftürmen. Diese Freigehege waren genau berechnet: In seinem ersten kleinen Zoo am Neuen Pferdemarkt hatte Hagenbeck in systematischen Versuchen die Sprungweiten der Tiergattungen erforscht. So gab es nicht nur für die harmlosen Mähnenrobben (großes Foto) mehr „Lebensqualität", sondern auch für die gefährlichen Kodiakbären (links).

Carl Hagenbeck is regarded as the "inventor" of the open-air enclosure for animals, which is now to be found at zoos all over the world. He also created extensive rocky landscapes for the benefit of his charges. These open-air enclosures were exactly calculated; at his first small zoo on Hamburg's Neuer Pferdemarkt he systematically researched the length of leap of the different genera. The result was greater "quality of life" not only for the harmless maned seals (large picture), but also for the far-from-harmless Kodiak bears (opposite).

C'est à Carl Hagenbeck que l'on attribue la «découverte» de l'agencement des parcs zoologiques inspiré du milieu naturel des animaux et adopté, depuis, par les zoos du monde entier. C'est à lui que revient d'avoir, le premier, fait ériger des sites rupestres artificiels, calculés, selon les observations faites dans le petit zoo qu'il exploitait à ses débuts au Neuer Pferdemarkt, sur la capacité de saut des différentes populations animales appelées à y vivre. C'est ainsi qu'il améliora la «qualité de vie» en captivité non seulement de l'inoffensive otarie (photo) mais aussi du dangereux ours d'Alaska (page de gauche).

Carl Hagenbeck es considerado "inventor" de las instalaciones al aire libre, adoptadas ya en los parques zoológicos de todo el mundo. Para algunos animales, Hagenbeck hizo construir verdaderas montañas de roca artificial. Los cercados al aire libre están exactamente calculados. En su primer pequeño zoo junto a la plaza Neuer Pferdemarkt, Hagenbeck había estudiado sistemáticamente la longitud de salto de muchas especies de animales. Así hay un ambiente más natural y más atractivo no sólo para las inofensivas focas melenudas (foto grande) sino también para el peligroso oso de Alasca (izq.).

Die Internationalen Tennismeister-schaften am Rothenbaum sind – nach Wimbledon, Paris und New York – das älteste Turnier der Welt. Ein Staraufgebot an Turnierteilneh-mern lockt von Jahr zu Jahr mehr Zuschauer nach Hamburg. Wie überall, so genießt Steffi Graf auch hier die Sympathie der Fans und Autogrammjäger.

After Wimbledon, Paris and New York, the international tennis cham-pionships at Rotherbaum are the oldest in the world. The appearance of the stars at the tournaments attracts more and more spectators every year to Hamburg. As every-where else, Steffi Graf is highly popular among the fans and auto-graph hunters.

De par la renommée de leurs parti-cipants, les Championnats interna-tionaux de tennis de Rothenbaum qui, après Wimbledon, Paris et New York, sont les plus vieux «interna-tionaux» du monde, attirent chaque année un public toujours plus important à Hambourg. Comme partout où elle apparaît, Steffi Graf est poursuivie, ici aussi, par la sympathie de ses admirateurs et des chasseurs d'autogrammes.

El Campeonato Internacional de Tenis del Rothenbaum en Ham-burgo es – detrás de Wimbledon, París y Nueva York – el torneo más antiguo del mundo. El elenco bri-llante de jugadores que participan atrae cada año más espectadores a Hamburgo. Como en todas partes, la campeona Steffi Graf goza tam-bién aquí de las simpatías de sus fans y cazadores de autógrafos.

Hamburg ist eine sportbegeisterte Stadt, in der Profis wie Amateure zu ihrem Recht kommen: 400.000 Aktive betätigen sich in 200 Sportarten. Der Fußball gehört neben Leichtathletik, Wassersport und Tennis zu den Favoriten. Das Volksparkstadion, Austragungsort auch großer internationaler Begegnungen, liefert eine eindrucksvolle Kulisse für Spiele der Bundesliga, in der die Mannschaft des mehrfachen Meisters HSV durch den FC St. Pauli lokale Konkurrenz bekam.

Hamburg is a city of sports enthusiasts where professionals and amateurs alike find all they need. Some 400,000 take part actively in 200 kinds of sports. The favourites after football are light athletics, water sports and tennis. The Volkspark Stadium, scene of big international events, provides an impressive backdrop during the encounters of the Federal League football clubs, in which the HSV team now has competition from the local rivals F.C. St. Pauli.

Le sport s'écrit en majuscules à Hambourg où chacun – l'amateur comme le professionnel – trouve son compte. On n'y dénombre pas moins de 400.000 adhérents pratiquant quelque 200 sports différents, en tête desquels, avec l'athlétisme, les sports nautiques et le tennis, le football figure parmi les favoris. Témoin de bon nombre d'importantes rencontres internationales, le Volksparkstadion est une impressionnante coulisse lors des matches comptant pour la Bundesliga (première division) au sein de laquelle l'équipe du HSV doit affronter la concurrence locale de celle du FC St-Pauli.

Hamburgo es una ciudad con gran entusiasmo por los deportes, tanto de los profesionales como de los aficionados: 400.000 deportistas activos participan en 200 tipos de deportes. El fútbol se cuenta – además del atletismo ligero, los deportes acuáticos y el tenis – entre los favoritos. El estadio del Volkspark, lugar también de grandes encuentros internacionales, es un escenario impresionante para los partidos de fútbol de la liga alemana donde el equipo del HSV tiene ahora un competidor local con el FC St. Pauli.

Gegen Ende des 18. Jahrhunderts entdeckten Hamburgs wohlhabende Kaufleute das Elbufer westlich Altonas als Standort für ihre Landsitze. Heute sind diese Parks größtenteils öffentlich. Das klassizistische Jenisch-Haus im Jenisch-Park wurde als Museum großbürgerlicher Wohnkultur vom 16. bis 20. Jahrhundert eingerichtet.

It was toward the end of the 18th century that Hamburg's wealthy merchants discovered the shore of the Elbe west of Altona as a location for their fine country estates. Today these have mostly become public parks. And the classical Jenisch House in Jenisch Park has been converted to a museum showing upper-middle-class home culture as existing from the 16th to the 20th centuries.

C'est vers la fin du 18ème siècle que les gros négociants de Hambourg commencèrent à se déplacer vers l'Ouest d'Altona, sur la rive de l'Elbe, pour y édifier de splendides demeures. La plupart des parcs qui entouraient celles-ci à l'époque sont

devenus des lieux de promenade publics. Lovée dans les frondaisons du Jenisch-Park, l'une d'elles, la Jenisch-Haus, d'architecture classique, a été aménagée en musée représentatif de l'art de vivre bourgeois du 16ème au 20ème siècles.

Hacia fines del siglo XVIII descubrieron los acaudalados comerciantes de Hamburgo la orilla del Elba al oeste de Altona como emplazamiento favorito de sus mansiones. Hoy en día, estos parques son en su mayoría públicos. En la Casa de Jenisch, de estilo clasicista, situada en el Parque de Jenisch se instaló un museo de la cultura doméstica de la alta burguesía entre los siglos XVI y XX.

Uralte Baumbestände kennzeichnen die großen Parks an der Elbchaussee, wie hier den Hirschpark.

Ancient woods are typical of the large parks lining the Elbchaussee such as here in the Hirschpark.

Comme ici, au Hirschpark, les grands parcs implantés en bordure de la chaussée longeant l'Elbe (Elbchaussee) sont peuplés de vieux arbres majestueux.

Viejísimas arboledas caracterizan los grandes parques a lo largo de la avenida Elbchaussee, como aquí el Hirschpark.

*E*in winkliges, fast südländisch
wirkendes Treppenlabyrinth gibt
Blankenese seinen besonderen Zau-
ber. Das alte Fischerdorf gehört
heute zu den bevorzugten Wohn-
lagen Hamburgs. Auch wenn's eng
wird – für ein Stück Elbblick nehmen viele Bewohner des Süllbergs
das gern in Kauf.

A steep labyrinth of crooked
stepped alleys with an almost
Southern atmosphere gives Blankenese its special charm. This former
fishing village is today one of Hamburg's most sought-after residential
areas.
Even if it's narrow and cramped,
for many residents on the Süllberg
that's not asking too much pro-
vided they have a bit of that prized
view of the Elbe.

Evocation toute méridionale : l'es-
calier pentu et tarabiscoté qui
serpente au flanc de la colline de
Blankenese. Cet ancien village de
pêcheurs est aujourd'hui un des
«must» résidentiels de Hambourg. Et
même si la vie s'y joue souvent à
l'étroit, que n'accepterait-on pas
pour avoir une vue plongeante sur
l'Elbe sous le regard du Süllberg!

Un laberinto de escaleras con
muchas esquinas y revueltas, de
aspecto casi meridional, proporciona un encanto particular al
barrio de Blankenese. Este, antiguamente un poblado de pescadores,
es hoy una de las zonas residenciales favoritas de Hamburgo. Aunque
va faltando espacio, por tener un
poco de vista al río Elba muchos
habitantes del monte Süllberg lo
aceptan todo.

In der Nähe des Leuchtturms von Wittenbergen endet der Elbuferweg, der in dem alten Lotsen- und Kapitänsdorf Oevelgönne beginnt und an Teufelsbrück, Nienstedten und Blankenese vorbeiführt. Wer den zwölf Kilometer langen Fußmarsch auf sich nimmt, erlebt ein herrliches Elbpanorama vor einer Park- und Gartenlandschaft mit zahlreichen repräsentativen Landsitzen auf dem Geestrücken.

The Elbuferweg, the shore path along the Elbe, ends not far from the lighthouse at Wittenbergen, having commenced at Oevelgönne, the old pilots' and shipmasters' village, and passing Teufelsbrück, Nienstedten and Blankenese on the way. Anyone undertaking the twelve-kilometre walk is rewarded with a delightful panorama over the Elbe as well as a changing scene of parks and gardens and views of stately residences on the high ground of the geest.

Partant du vieux village d'Oevelgönne, autrefois habité par les capi-

taines et les pilotes qui assuraient la conduite des navires à l'entrée et à la sortie du port, le chemin du bord de l'Elbe (Elbuferweg) conduit par Teufelsbrück, Nienstedten et Blankenese jusqu'au phare de Wittenbergen. Si cette promenade de douze kilomètres demande de bons mollets, elle offre en échange la découverte d'un magnifique panorama sur le fleuve qui s'écoule devant une toile de fond faite d'un ensemble de parcs, jardins et villas cossues dressé sur une crête morainique.

Cerca del faro de Wittenbergen termina el paseo marginal del Elba que comienza en Oevelgönne – antiguamente una aldea donde residían capitanes y pilotos, hoy barrio de Hamburgo – y pasa por Teufelsbrück, Nienstedten y Blankenese. Quien resiste los 12 kilómetros de marcha a pie, tiene ocasión de contemplar siempre una magnífica panorámica del río al pie de un paisaje con parques, jardines y suntuosas mansiones sobre las alturas de la orilla del Elba.

Mit dem Großhamburg-Gesetz von 1937 wurde unter anderem die preußische Stadt Harburg ein Stadtteil Hamburgs. Bis heute ist Harburg jedoch eine „Stadt in der Stadt" (oben das Rathaus) mit einem ausgeprägten kulturellen Eigenleben.

Das alte Dorf Moorburg (rechts die Kirche) liegt mit seinen Bauernhöfen, Obstgärten und Viehweiden nicht weit von Harburg entfernt in einem fruchtbaren Streifen hinter dem Süderelbdeich.

Among other changes, the Greater Hamburg Act of 1937 made the Prussian town of Harburg a part of Hamburg, but to this day Harburg has remained a "city within the city" and maintains a decidedly independent cultural life. Seen above is the Town Hall.

Not far from Harburg is the old village of Moorburg with its farmsteads, orchards and pastures on a fertile strip of land behind the dykes of the old South Elbe. The village church is seen on the right.

Si la loi dite du Grosshamburg de 1937 prévoyait, entre autres, le rattachement à Hambourg de Harbourg, ville jusque là prussienne, il n'empêche que celle-ci resta, et reste aujourd'hui encore, une «ville dans la ville» (en haut, l'hôtel de ville), et qu'elle conserve une vie culturelle très marquée qui lui est propre.

Avec ses fermes opulentes, ses vergers, ses pâturages, le pittoresque vieux village de Moorburg (à droite, l'église) est situé aux environs proches de Harbourg, dans une campagne dodue encaissée derrière la digue de l'Elbe Sud.

Con la Ley del Gran Hamburgo de 1937, la ciudad prusiana de Harburg, entre otras, se convirtió en un barrio de Hamburgo. No obstante, hasta hoy Harburg sigue siendo una "ciudad dentro de una ciudad" (arriba, el Ayuntamiento) con una marcada vida cultural propia.

La vieja aldea de Moorburg (a la derecha, la iglesia) se extiende con sus granjas, huertos frutales y praderas no lejos de Harburg sobre una franja fértil detrás de los diques protectores del brazo sur del Elba.

Innerhalb der hamburgischen Landesgrenzen gibt es abwechslungsreiche Landschaften mit hohem Erholungswert. Die Fischbeker Heide (oben links) steht seit 1958 unter Naturschutz. Feuchtgebiete wie der Lauf der alten Süderelbe (unten links) und das Nincoper Moor (oben rechts) bieten der Kleinlebewelt Lebensraum und sind Brut- und Rastplätze für Vögel.

Within Hamburg's borders there is a wide variety of landscapes of great recreational value. One such is the heathland of the Fischbeker Heide (above left), which has been a nature reserve since 1958. There are also wetlands such as the course of the old South Elbe (below left) and Nincoper Moor (above right), which provide a habitat for small animals and plants and offer good nesting and resting places for birds.

La région de Hambourg offre une très grande variété de paysages très appréciés pour la détente et la récréation. La lande de Fischbeker Heide (en haut, à gauche) est un site protégé depuis 1958. La zone de mouillères de l'ancien cours de l'Elbe Sud (en bas, à gauche) et celle de marécages du Nincoper Moor (en haut, à droite) sont des espaces privilégiés pour la protection du petit monde animalier et constituent des lieux de prédilection pour les oiseaux migrateurs et à l'époque de la couvaison.

Dentro de las fronteras hamburguesas existen los más variados paisajes de gran interés para excursiones, recreo y esparcimiento. El brezal Fischbeker Heide (arriba izq.) es desde 1958 una reserva natural. Zonas húmedas como el curso del antiguo brazo sur del Elba (abajo izq.) y el pantano Francoper Moor (arriba der.) ofrecen espacio vital a la fauna pequeña y son lugares de incubación, cría y descanso de numerosas aves.

Das Alte Land südlich der Elbe ist das größte zusammenhängende Obstanbaugebiet Norddeutschlands. Die Mönche des benachbarten Klosters Stade haben hier um die Mitte des 14. Jahrhunderts die ersten Obstkulturen angelegt. Heute ist das Alte Land mit seinen typischen Prunkpforten vor den Fachwerkhäusern ein beliebtes Ausflugsziel, wenn die Obstbäume blühen.

The area south of the Elbe known as the Alte Land is North Germany's largest self-contained fruit-growing district. Its origins go back to the monks of the nearby monastery of Stade, who planted the first fruit-trees there in the middle of the 14th century. Today the Alte Land with its decorative farmstead entrances and half-timbered houses is a popular place for outings when the fruit-trees blossom.

S'étendant au sud de l'Elbe, les «Vieilles Terres» (Altes Land) sont la plus grande région de culture fruitière d'un seul tenant d'Allemagne du Nord. Ce sont les moines du monastère voisin de Stade qui, au 14ème siècle, lancèrent l'arboriculture fruitière dans cette région. Avec les magnifiques portails de ses maisons à pignons à colombages, ce site est aujourd'hui un but de promenade très couru, surtout au moment de la féerie des arbres fruitiers en fleurs.

La partida Altes Land, al sur del Elba, es la mayor zona frutícola en el norte de Alemania. Los monjes de un convento en Stade fueron los primeros que iniciaron aquí a mediados del siglo XIV el cultivo de árboles frutales. Hoy la Altes Land, con sus típicos portales decorativos delante de las casas de construcción de entramado, es una zona de excursionismo popular cuando florecen los cerezos y manzanos.

Die Vier- und Marschlande südlich Bergedorfs sind eine fruchtbare, seit Jahrhunderten eingedeichte Kulturlandschaft. Alte Windmühlen, reetgedeckte Häuser und stilvolle Dorfkirchen wie St. Nicolai in Altengamme (oben) geben der Landschaft ihr romantisches Flair. Große Unterglaskulturen (unten) für den Gemüse- und Blumenanbau sind die wirtschaftliche Basis der Vier- und Marschlande. Sogar Orchideen werden hier gezüchtet.

The so-called Vier- und Marschlande south of Bergedorf is a fertile cultivated area that was poldered many centuries ago. Old windmills, thatched houses and pleasant village churches such as St. Nicolai in Altengamme (above), give a romantic touch to the countryside. Important for the economy of the region are the extensive greenhouse complexes for the cultivation of flowers and vegetables. Even orchids are grown here.

Au sud de Bergedorf, et à l'abri des digues, les Vierlande et Marschland sont une immense étendue très fertile, consacrée depuis des siècles à la culture. Vieux moulins à vent, maisons chapeautées de chaume et vieilles églises villageoises d'architecture typique – telle l'église St-Nicolas d'Altengamme (en haut) – y font flotter dans l'air une douceur des temps anciens. L'exploitation en grand de serres de cultures maraîchères et de fleurs – on y produit même des orchidées! – constitue le pilier de l'économie de ce terroir.

Las partidas Vierlande y Marschlande, al sur de Bergedorf, son una zona fértil de cultivo, protegida por diques desde hace siglos. Viejos molinos de viento, casas con tejados de caña e iglesias de pueblo de particular estilo como St. Nicolai en Altengamme (arr.) dan al paisaje su toque romántico. Grandes extensiones de cultivo bajo techo de cristal para producir verduras y flores son la base económica de las Vierlande y Marschlande. Hasta orquídeas se cultivan aquí.

s 1868 verwaltete Hamburg das dtchen Bergedorf gemeinsam mit eck. Das Schloß (links) wurde 13. Jahrhundert als Wasserburg gelegt.

e small town of Bergedorf was ministered jointly by Hamburg Lübeck until 1868. The -century castle (left) was originally moated.

mbourg et Lübeck assumèrent jointement l'administration de la te ville de Bergedorf jusqu'en 8. A gauche : le château entouré douves date du 13ème siècle.

sta 1868, Hamburgo adminis- a conjuntamente con Lübeck a ocalidad de Bergedorf, hoy rio de la ciudad. Su castillo q.) fue construido en el siglo XIII no palacio rodeado por un foso agua.

Fotos

Michael Bässler:
Seite 63, 72/73.

Bongarts:
Seite 68 (2), 69 (2).

dpa:
Seite 54 (r.).

Bernt Federau:
Seite 13 (u.), 14 (u.), 26 (l.o.),
37 (o.), 52 (r.), 61 (2).

Hanse Viertel:
Seite 50.

Hans Hartz:
Seite 18, 46.

Günther Helm:
Seite 74 (r.), 75 (3).

Fritz Mader:
Seite 2/3, 6, 13 (o.), 14 (o.),
19 (u.), 22 (r.), 23 (o.), 25, 29,
33, 36, 38/39, 44, 60 (r.), 64,
65 (r.), 67, 76 (l.), 77, 78,
79 (o.).

Uwe-Jens Niß:
Seite 74 (l.).

Karl-Heinz Petersen:
Seite 5, 12, 15, 16, 17 (2), 19 (o.),
20, 21 (3), 22 (l.), 23 (u.), 24
(l.), 27, 28 (r.), 30/31, 34 (l.), 35,
37 (u.), 42 (r.), 43, 45, 47 (2),
49 (r.), 51 (2), 58 (r.), 59,
62 (2), 65 (l.), 66 (3), 72 (l.),
73 (r.), 76 (r.), Rücktitel.

G. P. Reichelt:
Seite 48 (l.), 52 (l.), 53, 60 (l.).

Carl Werner Schmidt-Luchs:
Titel.

Dieter Steffen:
Seite 28 (l.), 32 (l.), 34 (r.),
40 (3), 41, 42 (l.), 48, 55 (2),
56 (2), 57 (2), 58 (l.), 70 (2),
71, 79 (u.).

Stella Theater Produktions
GmbH:
Seite 54 (l.).

Freigabenummern der
Luftaufnahmen:
LA HH 91/89 (S. 13), 487/82
(S. 24), 92/89 (S. 26), 553/86
(S. 42), 553/86 (S. 62).